LE GUIDE
MICHELIN

LES PLUS BELLES TABLES
DE PARIS & DE SES ENVIRONS

MICHELIN

LES ENGAGEMENTS DU GUIDE MICHELIN

Si le Guide MICHELIN peut se prévaloir d'une **notoriété mondiale**, c'est principalement grâce à la constance de son engagement vis-à-vis de ses lecteurs. Au Japon ou aux États-Unis, en Chine et partout en Europe, celui-ci est fondé sur quelques principes immuables, scrupuleusement respectés par tous ses inspecteurs :

Première règle d'or, les inspecteurs testent les tables de façon **anonyme** et **régulière**, afin d'apprécier pleinement le niveau des prestations offertes à tout client. Ils paient donc toujours leurs additions.

La sélection des établissements s'effectue en toute **indépendance**, et l'inscription des établissements dans le guide est totalement gratuite.

Loin d'être un simple annuaire d'adresses, le guide propose une **sélection** des meilleurs restaurants, dans toutes les catégories de standing et de prix.

Les informations pratiques, les classements et distinctions sont tous revus et mis à jour chaque année, afin d'offrir **l'information la plus fiable**.

Les critères de classification sont identiques pour tous les pays couverts par le Guide MICHELIN, afin de garantir **l'homogénéité** de la sélection. À chaque culture sa cuisine, mais la **qualité** se doit de rester **un principe universel.**

Michelin s'est donné une mission : **l'aide à la mobilité**. Dans l'unique dessein que vos voyages soient toujours placés sous le signe du plaisir et de la sécurité.

CHÈRE LECTRICE,
CHER LECTEUR,

Gourmets de France et de Navarre, réjouissez-vous : Paris est et demeure une fête gastronomique ! En témoigne la moisson 2020 : pas moins de 131 étoilés — dont un nouveau «3 étoiles»! —, et 11 nouveaux «Bib Gourmand», qui viennent renforcer la marque d'une gastronomie sans frontières et pour tous les budgets.

Alors, quoi de neuf sur les deux rives de la Seine ? Impossible de ne pas commencer par lui : Kei Nishikori (*Kei*, Paris 1er), dont la virevoltante cuisine franco-japonaise est récompensée par la distinction suprême. Les deux étoiles ne sont pas en reste, avec le beau retour en *Scène* de Stéphanie Le Quellec, avenue de Matignon (Paris 8e), et ce trésor appelé *Abysse* (Pavillon Ledoyen, Paris 8e), où la patte créative de Yannick Alléno s'associe au talent d'un grand maître sushi japonais. Même son de toque du côté de *L'Atelier de Joël Robuchon Étoile* et ses deux étoiles retrouvées.

C'est sans doute l'autre grand fait notable : de beaux retours en grâce, qui révèlent l'extraordinaire adaptabilité des chefs. Le *Sergent Recruteur*, taverne historique de l'île Saint-Louis, retrouve son étoile grâce à l'impulsion d'Alain Pégouret, venu du *Laurent*. Citons également *Jacques Faussat*, ainsi que le retour de la deuxième étoile pour la maison emblématique *Taillevent*, métamorphosée par deux grands professionnels, en salle et en cuisine.

Et comme chaque année, le Guide MICHELIN réserve de belles découvertes. Prenez le 9e : non content de passer en deux ans de 0 à 5 tables étoilées, l'arrondissement préféré des bistronomes nous concocte une surprise de taille avec deux étoilés dans la même rue, à quelques mètres d'intervalle ! C'est *L'Aspic*, situé au 24 rue de la Tour d'Auvergne, et *L'Innocence*, au 28...

Mais n'en révélons point trop. N'en déplaise à certains, Paris n'est donc pas une belle endormie sur ses lauriers gastronomiques. Plus que jamais, les chef(fe)s contribuent à son irrésistible dynamisme. Le choix s'annonce compliqué... Alors, bonne lecture, et aiguisez vos appétits !

L'équipe du Guide MICHELIN ————————

SOMMAIRE

LES SYMBOLES
DU GUIDE MICHELIN

LA QUALITÉ DE LA CUISINE

Trois symboles qualifient la qualité de la cuisine : l'Étoile, le Bib Gourmand et l'Assiette.

Une ✿, deux ✿✿ ou trois ✿✿✿ — les étoiles distinguent les cuisines les plus remarquables. Le choix des produits, la maîtrise des cuissons et des saveurs, la personnalité de la cuisine, la constance de la prestation et le bon rapport qualité-prix : voilà les critères qui, au-delà des genres et des types de cuisine, définissent les plus belles tables.

LES MOTS-CLÉS

Deux mots-clés vous aideront à trouver la bonne adresse : rouge pour la cuisine, or pour l'atmophère.

cuisine créative • cosy

LES PLUS DE L'ÉTABLISSMENT,
SES ÉQUIPEMENTS ET SES SERVICES

88	Belle carte des vins
🛱	Table en terrasse
≪	Belle vue
🌳	Parc ou jardin
♿	Accès pour les personnes à mobilité réduite
A/C	Salle climatisée
⊡	Salon particulier
🚗	Voiturier
P	Parking
🚫	L'établissement n'accepte pas les cartes de paiement
N	Une nouvelle adresse dans le guide !

LES ÉTOILES

✿✿✿ **Trois étoiles :** une cuisine unique. Vaut le voyage !
La signature d'un très grand chef ! Produits d'exception, pureté et puissance des saveurs, équilibre des compositions : la cuisine est ici portée au rang d'art. Les assiettes, parfaitement abouties, s'érigent souvent en classiques.

✿✿ **Deux étoiles :** une cuisine d'exception. Vaut le détour !
Les meilleurs produits magnifiés par le savoir-faire et l'inspiration d'un chef de talent, qui signe, avec son équipe, des assiettes subtiles et percutantes, parfois très originales.

✿ **Une étoile :** une cuisine d'une grande finesse. Vaut l'étape !
Des produits de première qualité, une finesse d'exécution évidente, des saveurs marquées, une constance dans la réalisation des plats.

LE BIB GOURMAND

Nos meilleurs rapports qualité-prix.
Un moment de gourmandise pour un maximum de 38€ (34€ en province) : de bons produits bien mis en valeur, une addition mesurée, une cuisine d'un excellent rapport qualité-prix.

L'ASSIETTE

Une cuisine de qualité
Qualité des produits et tour de main du chef : un bon repas tout simplement !

LES
RESTAURANTS

**10 FAÇONS
DE CHERCHER UNE ADRESSE...**

Au sein de chaque arrondissement, nous avons
classé nos adresses par distinction de qualité
de cuisine : les étoiles d'abord, de 3 à 1, puis
les Bib Gourmand et les Assiettes.
Même principe pour notre sélection autour de
Paris : chaque localité (de A à Z) décline ses
adresses suivant leur qualité.

Les mots-clés rouges et or — type de cuisine
et ambiance — sauront vous guider vers
l'adresse qui correspond à votre envie.
De la table la plus élaborée à la plus simple,
pour un repas d'affaires, un dîner entre amis ou
en amoureux, pour une expérience créative ou
un moment d'authentique tradition, c'est selon
l'humeur du moment ou à la circonstance !

————

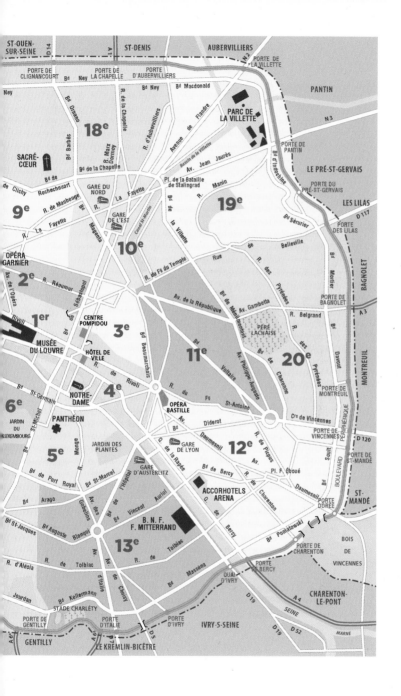

B. Jannsen/age fotostock

1er

PALAIS-ROYAL • LOUVRE • TUILERIES • LES HALLES

Menu 58 € (déjeuner), 110/280 €

5 rue du Coq-Heron
www.restaurant-kei.fr
TEL. 01 42 33 14 74
Ⓜ Louvre Rivoli

Fermé 12-20 avril, 2-25 août, 21 décembre-4 janvier, lundi, jeudi midi, dimanche

A/C

❀❀❀

Moderne • Élégant

KEI

"Kei", c'est Kei Kobayashi, chef né à Nagano, au Japon, et formé à l'école prestigieuse des triples étoilés Gilles Goujon (L'Auberge du Vieux Puits, Fontjoncouse) et Alain Ducasse (Plaza Athénée, Paris 8e). Son père était cuisinier dans un restaurant traditionnel kaiseki (gastronomie servie en petits plats, comparable à la grande cuisine occidentale), mais sa vocation naît véritablement en regardant un documentaire sur la cuisine française. Aujourd'hui, son travail tutoie la perfection : virtuose des alliances de saveurs, toujours juste dans la conception de ses assiettes, il laisse l'influence nippone affleurer par petites touches délicates, et magnifie des produits de grande qualité. Un exemple ? Ce jardin de légumes croquants, saumon fumé d'Écosse, mousse de roquette et émulsion au citron : une création tout simplement extraordinaire, preuve éclatante d'un talent arrivé à maturité.

À LA CARTE...

Jardin de légumes croquants, saumon fumé, mousse de roquette, émulsion de citron, vinaigrette de tomates et crumble d'olives noires • Bar de ligne rôti sur ses écailles croustillantes • Smoothie aux fruits exotiques et sucre soufflé

Moderne • Classique

LE GRAND VÉFOUR

Bonaparte et Joséphine, Lamartine, Hugo, Mac-Mahon, Sartre... Depuis plus de deux siècles, l'ancien Café de Chartres est un vrai bottin mondain ! Le plus vieux restaurant de Paris (1784-1785) entre dans la légende en 1820 avec Jean Véfour, qui lui donne son nom. Le lieu, unique en son genre, est classé monument historique. Deux magnifiques salles Directoire s'ouvrent sur le jardin par des arcades : miroirs, lustres en cristal, dorures, toiles peintes fixées sous verre inspirées de l'Antiquité... En cuisine, on trouve Guy Martin, qui se plaît à rappeler qu'il a commencé comme pizzaiolo à 17 ans, et "croque" ses plats comme un artiste. Entre grands classiques de la maison et créations plus modernes, il perpétue l'héritage : le Grand Véfour continue son œuvre d'enchantement.

À LA CARTE...

Ravioles de foie gras, crème foisonnée truffée • Parmentier de queue de bœuf aux truffes • Palet noisette et chocolat grands crus, glace au caramel brun et sel de Guérande

Menu 115 € (déjeuner), 315 € – Carte 220/290 €

17 rue de Beaujolais
www.grand-vefour.com
TEL. 01 42 96 56 27
Ⓜ **Palais Royal**

Fermé 1er-24 août, samedi, dimanche

Jérôme Mondière/Le Grand Véfour • Jérôme Mondière/Le Grand Véfour

Menu 110 € (déjeuner),
380 € – Carte 250/380 €

228 rue de Rivoli
www.alainducasse-meurice.com/fr
TEL. 01 44 58 10 55
Ⓜ Tuileries

**Fermé 15 février-2 mars, 1er-31 août,
samedi, dimanche**

✿✿

Moderne • Luxe

LE MEURICE ALAIN DUCASSE

Prenez un célèbre palace installé face au jardin des
Tuileries, ajoutez-y un chef surdoué, Alain Ducasse,
saupoudrez d'un luxe insensé (plafond blanc paré
de dorures, lustres en cristal...), et vous obtenez
Le Meurice, dont le décor suscite l'admiration
des fortunes étrangères venues chercher ici l'âme
parisienne. La griffe Ducasse est mise en œuvre par
Jocelyn Herland, ancien de The Dorchester à Londres,
qui ne se montre nullement intimidé par l'aura des
lieux. Ses assiettes rendent un hommage vibrant à
la tradition française. Voici par exemple une ode à
un turbot : prenez un beau tronçon de turbot bien
épais, cuit à l'arête, riche d'une enveloppe panée
qui apporte un léger croustillant à la dégustation,
et accompagnez-le d'une sauce à la grenobloise
revisitée qui donne toute la puissance à cette recette...

À LA CARTE...
Belles langoustines d'Écosse et fenouil-citron • Poulette fermière girolles et céleri • Baba au rhum de votre choix et crème
mi-montée

✿✿

Créative • Design

SUR MESURE
PAR THIERRY MARX

On a tout dit, ou presque, de Thierry Marx : grand voyageur, alchimiste malicieux, adepte du tai-chi, à la tête des cuisines du Mandarin Oriental, palace parisien haute couture qui lui a imaginé un restaurant sur mesure. Ou plutôt à sa démesure ? Passé le sas d'entrée, vous voilà transporté dans un univers inédit, d'un blanc immaculé et cinématographique – on hésite entre Orange Mécanique et Bienvenue à Gattaca. Tout ici porte la signature du chef, et en premier lieu ses menus uniques, successions de plats aux saveurs étonnantes. En orfèvre minutieux, il travaille la matière, joue avec intelligence sur les transparences, les saveurs et les textures. Bœuf charbon, aubergines grillées, sirop d'érable et vinaigre de feuille de cerisier ; risotto de soja aux huîtres, morilles. Une expérience.

Menu 85 € (déjeuner), 195 €

251 rue St-Honoré
www.mandarinoriental.fr/paris
TEL. 01 70 98 73 00
Ⓜ Concorde

Fermé 1er-8 janvier, 12-20 avril,
25 juillet-24 août, lundi, dimanche

✿✿ ♿ A/C

À LA CARTE...

Risotto de soja, huître pochée • Bœuf Wagyu façon charbon • Sweet bento

Menu 195/350 € –
Carte 186/396 €

15 place Vendôme
www.ritzparis.com
TEL. 01 43 16 33 74
Ⓜ Opéra

Fermé 27 janvier-11 février,
20 juillet-11 août, lundi, mardi et
le midi

❀ ❀

Moderne · Élégant

LA TABLE DE L'ESPADON

"La bonne cuisine est la base du véritable bonheur." Ces mots d'Auguste Escoffier en disent long sur la place réservée ici à la gastronomie. De fait, le premier chef des cuisines du Ritz et complice de César Ritz – le fondateur du palace en 1898 – y a érigé la cuisine en symbole de l'art de vivre à la française. Aujourd'hui, Nicolas Sale a remplacé Auguste Escoffier, mais l'émotion des goûts est demeurée intacte.

La salle est éblouissante : dorures, velours, superbes compositions florales, lustres en verre de Murano, ciel en trompe l'œil, etc. L'assiette étincelle tout autant : ravioles de tourteaux, assorties d'un bouillon tiède au gingembre citronnelle ; pomme de ris de veau ; rhubarbe... Goût, personnalité, intensité : la cuisine de Nicolas Sale fait souffler un vent de modernité sur le Ritz. Estelle Touzet, la sommelière, connaît à la perfection sa carte des vins très riche (et très chère). Quant au service, assuré à l'assiette clochée par une brigade en queue-de-pie, il est délicieusement obséquieux. Une expérience marquante.

À LA CARTE...

Langoustine à cru, caviar, citron frais et crème évolutive • Épaule de lapin confite à la moutarde, petits carrés à la sauge et linguine comme à la maison • Miel de châtaignier, poire et amandes craquantes

Matthieu Cellard/La Table de l'Espadon • Matthieu Cellard/La Table de l'Espadon

✿

Moderne · Élégant

LE BAUDELAIRE

Ici, nulle raison d'être envahi par le spleen baudelairien : on se sent si bien dans ce restaurant raffiné, niché au cœur d'un jeune palace arty et feutré célébrant le nouveau chic parisien... La salle s'ordonne autour de la cour intérieure de l'établissement, un beau jardin d'hiver où il fait bon lire Les Fleurs du mal devant un thé. Reflets du dehors sur les tables en laque noire, confort douillet des fauteuils, grandes verrières, murs immaculés : un havre de paix... dédié à la gastronomie. En 2016, on s'est offert ici le concours d'un chef d'expérience : Guillaume Goupil, qui fut (entre autres) le second de Stéphanie Le Quellec au Prince de Galles. Il compose une cuisine au goût du jour bien maîtrisée : poulpe de roche et pommes de terre fondantes au lard, figues de Solliès, crème glacée au miel et crumble de safran...

Menu 62 € (déjeuner), 110/150 € – Carte 110/130 €

6-8 rue Duphot
www.leburgundy.com
TEL. 01 71 19 49 11
Ⓜ **Madeleine**

Fermé 22-30 décembre,
samedi midi, dimanche

[A/C]

À LA CARTE...

Escargots, crème de pomme de terre fumée, févettes et lait mousseux d'oignons brûlés • Ris de veau, chapelure au chorizo et petits pois à la française • Chocolat macaé, meringue cacao, crémeux, feuilles croquantes et glace

Menu 58 € (déjeuner), 180 € –
Carte 120/160 €

14 rue de Castiglione
www.carredesfeuillants.fr
TEL. 01 42 86 82 82
Ⓜ **Tuileries**

Fermé samedi, dimanche

❀

Moderne • Élégant

CARRÉ DES FEUILLANTS

Il est rare qu'un restaurant marie si parfaitement ambiance et style culinaire. Indéniablement, le Carré des Feuillants réussit cette osmose. Point d'exubérance ou d'élans démonstratifs, tout dans la mesure et la maîtrise : c'est la première impression qui se dégage de cet ancien couvent (bâti sous Henri IV). Conçu par l'artiste plasticien Alberto Bali, ami d'Alain Dutournier, le décor n'est que lignes épurées, presque minimalistes, et matériaux naturels, dans une veine contemporaine. Marquée par la générosité et les racines landaises du chef, la cuisine fait preuve de caractère et d'inventivité. Composées à la manière d'un triptyque, les assiettes ont l'art de valoriser l'authenticité du produit tout en sublimant le "futile". Quant à la cave, elle recèle de vrais trésors.

À LA CARTE...

Langoustines marinées, citron caviar, fleurette de légumes coraillée et noisettes grillées • Ris de veau en cocotte, cèpe persillé et dôme de macaronis aux févettes • Russe pistaché, baies rouges en gelée et crème glacée

 ✿

Créative • Design

LA DAME DE PIC

Un bel atout dans la cartographie des bonnes tables parisiennes : Anne-Sophie Pic a créé à deux pas du Louvre, cette table... capitale. À 550 km de Valence, où son nom a tant marqué l'histoire de la cuisine (ses père et grand-père y conquirent eux aussi trois étoiles Michelin), mais au cœur de sa griffe originale.

Un travail en finesse, en précision, doublé d'une inspiration pleine de vivacité : telle est la signature de cette grande dame de la gastronomie. On retrouve son sens de l'harmonie des saveurs, de la fraîcheur et de l'exactitude, avec toujours ces cuissons et assaisonnements au cordeau : berlingots à la fondue fribourgeoise dans un bouillon mousseux au poivre Sansho ; tourteau de casier sur sa fine gelée de mandarine ; ou encore millefeuille blanc et sa crème légère à la rose de Damas...

Menu 69 € (déjeuner), 119/149 €

20 rue du Louvre
www.anne-sophie-pic.com
TEL. 01 42 60 40 40
Ⓜ Louvre Rivoli

Fermé 10-16 août

 ♿ AK ⛶

À LA CARTE...
Berlingots au coulant de brillat-savarin fumé, champignons des bois à la fève tonka • Dorade royale bouillon dashi • Mille-feuille aux agrumes

☸

Moderne • Romantique

LES JARDINS DE L'ESPADON

Après quatre ans de travaux, le Ritz renaît de ses cendres. Les Jardins de l'Espadon proposent une expérience gastronomique d'exception au déjeuner. Traversez la galerie fleurie, toute en dorures, et installez-vous sous la véranda, bordée de verdure, pour déguster une carte courte et maligne, imaginée par Nicolas Sale.

L'ancien chef de la Table du Kilimandjaro (deux étoiles à Courchevel) se montre ici aussi le digne successeur d'Auguste Escoffier, premier chef des cuisines du Ritz ! Voyez plutôt : marinière de coquillages, persil et pâtes fraîches ; côtes et filets d'agneau, caviar d'aubergine et courgettes grillées ; chocolat de Madagascar, texture de meringue et sauce chocolat. Carte inventive, service irréprochable : on passe un fort agréable moment.

À LA CARTE...

Cannelloni de langoustine, chou pointu et sauce au vin de Meursault • Merlan de ligne et crème de charlotte à la grenobloise • Chocolat de Madagascar, textures de meringue et sauce chocolat

Menu 115/150 € – Carte 125/200 €

15 place Vendôme
www.ritzparis.com
TEL. 01 43 16 33 74
Ⓜ **Opéra**

Fermé 27 janvier-11 février, lundi, mardi, dimanche et le soir

Matthieu Cellard/Les Jardins de l'Espadon • Matthieu Cellard/Les Jardins de l'Espadon - Hôtel Ritz

Matthieu Cellard/Les Jardins de l'Espadon • Matthieu Cellard/Les Jardins de l'Espadon - Hôtel Ritz

❀

Japonaise • Élégant

JIN

Un écrin pour la gastronomie japonaise en plein cœur de Paris, près de la rue St-Honoré ! Jin, c'est d'abord – et surtout – le savoir-faire d'un homme, Takuya Watanabe, chef originaire de Niseko, ayant d'abord travaillé avec succès au Japon... avant de succomber aux charmes de la capitale française. Comment ne pas être saisi par la dextérité avec laquelle il prépare, sous les yeux des clients, sushis et sashimis ? En provenance de Bretagne ou d'Espagne, le poisson est maturé pour être servi au meilleur moment. Des ingrédients de premier ordre pour une cuisine de haut vol : telle est la promesse du repas. De l'entrée au final, l'interprétation est superbe... Jin, c'est aussi un décor très agréable, zen et intime (le comptoir en noyer est magnifique), relayé par un service discret et efficace. Pas de vins mais de superbes sakés. Sous le Soleil-Levant exactement.

À LA CARTE...
Sashimi • Sushi • Gâteau japonais

Menu 135 € (déjeuner), 145/255 €

6 rue de la Sourdière
TEL. 01 42 61 60 71
Ⓜ **Tuileries**

Fermé 1er-6 janvier, 2-24 août, lundi, dimanche

A/C ⬚

Menu 48/82 € – Carte 58/116 €

9 rue Vauvilliers

www.jeanfrancoispiege.com

TEL. 01 42 36 32 96

Ⓜ Châtelet-Les-Halles

Fermé 24-26 décembre

🥢 AC

Traditionnelle • Vintage

LA POULE AU POT

Service sur plateau d'argent, décor suranné de bistrot, comptoir en zinc : on se croirait presque dans un décor à la Audiard. Y compris dans l'assiette ! Jean-François Piège fait confiance à son fidèle chef exécutif, Shinya Usami, pour réhabiliter les grands classiques du répertoire culinaire français. Le talent de ce dernier est indéniable, et la partition qu'il compose ne manque pas d'arguments : il fait dans la générosité et les saveurs, à l'ancienne, ne rechignant pas au beurre et à la crème, aux os et aux arêtes, bref, il régale d'une cuisine qui n'a pas froid aux yeux. Galantine de canard et gelée corsée, merlan frit Colbert et sa sauce tartare, plateau de tartes du jour... Plaisir (coupable) garanti.

À LA CARTE...

Gratinée à l'oignon • Poulette de Bresse au pot • Île flottante aux pralines roses

Olivier Decker/Michelin • Olivier Decker/Michelin

Créative • Élégant

RESTAURANT DU PALAIS ROYAL

C'est dans le cadre idyllique des jardins du Palais Royal, à deux pas du ministère de la Culture, qu'on trouve cet élégant restaurant qui ne cache pas ses ambitions gastronomiques. Aux fourneaux officie le jeune chef grec Philip Chronopoulos, qui fut notamment chef exécutif de l'Atelier de Joël Robuchon-Étoile. Avec de superbes produits, il signe ici une cuisine créative, percutante, se fendant de recettes d'une vivifiante maturité – en témoignent ces langoustines justes saisies, girolles et amandes fraîches. On se délecte de ces douceurs dans un cadre contemporain au luxe discret, qui est un régal pour les yeux. L'été, la terrasse sous les arcades offre à vos agapes un décor à la hauteur de l'assiette. Avis aux amateurs : les petits clafoutis maison aux fruits de saison, offerts avant le café, sont un délice... Royal, c'est le mot.

Menu 57 € (déjeuner), 162 € – Carte 108/174 €

Galerie de Valois
www.restaurantdupalaisroyal.com
TEL. 01 40 20 00 27
Ⓜ **Palais Royal**

Fermé 16 février-2 mars, 9-24 août, lundi, dimanche

À LA CARTE...

Herbes lactées, girolles et noix confites au château chalon • Cabillaud confit à l'huile d'argan, citron rôti et pousses d'épinards • Framboises, rhubarbes, sirop d'hibiscus et yaourt glacée à la vanille

Menu 150 €

121 rue Saint-Honoré
www.yamtcha.com
TEL. 01 40 26 08 07
Ⓜ Louvre Rivoli

Fermé 2 août-9 septembre,
22 décembre-8 janvier, lundi,
mardi, dimanche

✿

Créative • Élégant

YAM'TCHA

Adeline Grattard a reçu – et cultivé ! – un don rare, celui du sens du produit. Dans son adresse de la rue Saint-Honoré, la jeune chef choisit deux ou trois ingrédients, et ils occupent tout l'espace. Ni démonstration technique ni esbroufe, rien que de subtiles associations, rarement vues, et qui paraissent pourtant très naturelles. Formée auprès de Pascal Barbot (L'Astrance) et installée quelques années à Hong Kong, elle marie des produits d'une extrême qualité, principalement de France et d'Asie : on pense notamment à la sauce XO, au riz noir vinaigré ou au jus de crustacé... Le tout se déguste avec une sélection rare de thés asiatiques, autre source d'accords très convaincants (yam'tcha, en chinois, c'est "boire le thé"). Ni carte ni menu : de plat en plat, on se laisse surprendre par le marché et l'inspiration du jour.

À LA CARTE...

Thon cru mariné, coulis de foie gras et champignons • Quasi de veau de lait et aubergines à la sichuannaise • Soupe de sésame noir et glace vanille

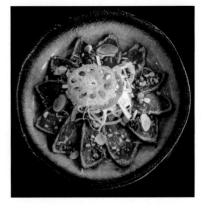

Coréenne • Épuré

MEE

Un bistrot coréen à deux pas des Tuileries. Son objectif : proposer une cuisine coréenne de qualité à prix serrés, tout simplement ! Les entrées se présentent sous forme de bouchées (ravioles, beignets), et l'on trouve aussi des soupes et de bons plats réalisés avec des produits de premier choix : basse-côte de bœuf, échine de porc, seiche… Tout est à la fois goûteux et relevé, à la façon coréenne, et les desserts se révèlent également savoureux, comme en témoigne ce punch gingembre-cannelle avec morceaux de poire. Les longues tables communes, où l'on s'installe au coude-à-coude, ajoutent à la convivialité du moment. Réservation fortement conseillée !

À LA CARTE…
Crêpe à la ciboule • Bibimbap • Punch gingembre-cannelle, morceaux de poire nashi

Menu 18 € (déjeuner) – Carte 23/30 €

5 rue d'Argenteuil
TEL. 01 42 86 11 85
Ⓜ Palais Royal

Japonaise • Épuré

ZEN

Zen incarne le Japon avec une élégance et une véritable attention au détail. Cette cantine nippone s'appuie tout d'abord sur une cuisine authentique : la carte, étoffée, reste fidèle aux classiques sushis, grillades et autres tempuras, les grandes spécialités de la maison étant les gyozas et le chirashi. Quant au décor, rénové dans une veine traditionnelle (boiseries, etc.), il favorise l'immersion et la sensation du voyage. Ajoutez un service empressé mais souriant et des prix raisonnables, et vous obtenez l'endroit idéal pour un déjeuner sur le pouce ou un dîner apaisant.

À LA CARTE…
Gyoza • Chirashi • Fraisier à la japonaise

Menu 21 € (déjeuner), 35/60 € – Carte 25/60 €

8 rue de l'Échelle
www.restaurantzenparis.fr
TEL. 01 42 61 93 99
Ⓜ Palais Royal

Fermé 3-25 août

�"○

Israélienne • Tendance

BALAGAN

Balagan signifie "joyeux bazar" en hébreu, et ce nom préfigure l'ambiance de jubilation gourmande qui règne ici. Dans l'assiette, un florilège de saveurs méditerranéennes savamment agencées : une cuisine généreuse et parfumée, avec une belle maîtrise des épices, piments et herbes... Intéressante carte des vins, mettant en valeur les vignobles méridionaux (Israël, Liban, Italie, Espagne...).

Carte 42/65 €

9 rue d'Alger
www.balagan-paris.com
TEL. 01 40 20 72 14
Ⓜ Tuileries

Fermé dimanche midi

♿ ⒶⒸ

⠙○

Moderne • Contemporain

BALTARD AU LOUVRE

Installée dans l'ancien pavillon Baltard, avec une vue imprenable sur l'église St-Eustache, voici la dernière adresse de l'équipe de Zébulon et de Pirouette (dans le 1er également). Jeux de textures, beaux produits, élégance des assiettes : une partition de qualité, dans un esprit brasserie haut-de-gamme qui ne manque pas d'aficionados...

Menu 30 € (déjeuner), 39/49 €

9 rue Coquillère
www.baltard.com
TEL. 09 83 32 01 29
Ⓜ Les Halles

Fermé 4-19 août, dimanche soir

🍷 ⛱ ♿ ⊡

⠙○

Traditionnelle • Brasserie

BRASSERIE DU LOUVRE - BOCUSE Ⓝ

On s'installe dans une salle vaste et élégante, entourée de grandes baies vitrées pour admirer une vue follement parisienne - Comédie-Française, Conseil d'Etat, Louvre- mais pas seulement : la carte, alléchante, navigue avec habileté entre grands classiques lyonnais (saucisson chaud pistaché en brioche, quenelle de brochet sauce nantua, etc.) et indémodables de brasserie (salade au foie gras, sole meunière, etc.). Très belle terrasse sous les arcades de ce bâtiment, typiquement haussmannien.

Menu 34/39 € – Carte 40/100 €

place André-Malraux
www.hoteldulouvre.com
TEL. 01 44 58 37 21
Ⓜ Palais Royal - Musée du Louvre

⛱ ♿ ⒶⒸ

⠙○

Traditionnelle • Brasserie

CHAMPEAUX

Le restaurant Champeaux, immortalisé par Zola, était situé place de la Bourse, non loin des Halles. Devenue brasserie contemporaine sous la canopée, il appartient à la galaxie Ducasse. Pâté en croûte, œufs mimosa, soufflés salés et sucrés, canard de Challans à l'orange pour deux, sans oublier les savoureux desserts au chocolat de la maison... Service toute la journée, avec carte réduite l'après-midi.

Menu 34 € (déjeuner) – Carte 40/90 €

La Canopée (Forum des Halles-Porte Rambuteau)
www.restaurant.champeaux.com
TEL. 01 53 45 84 50
Ⓜ Les Halles

⛱ ♿ ⒶⒸ ⊡

🍽️

Grillades • Tendance

CLOVER GRILL

D'appétissantes viandes maturées – noire de la Baltique, bœuf de Bavière, blonde d'Aquitaine, Black Angus – trônent en vitrine comme autant de pierres précieuses, à dévorer d'abord du regard... avant de les engloutir pour de bon ! De l'entrée au dessert, tout est cuit à la braise ou à la broche, ce qui donne à ce moment une saveur particulière. Une réussite.

Menu 69 € – Carte 50/130 €

6 rue Bailleul
www.jeanfrancoispiege.com
TEL. 01 40 41 59 59
Ⓜ Louvre-Rivoli

♿ [A/C]

🍽️

Italienne • Tendance

LOULOU

Le restaurant italien du musée des Arts décoratifs enchante les jardins du Louvre. C'est chic, cosy, et savoureux – risotto du jour, carpaccio de poisson, cochon de lait croustillant, etc. Le service, stylé et professionnel, comme l'élégante terrasse, ajoutent à l'exquise expérience.

Carte 40/90 €

107 rue Rivoli (musée des Arts Décoratifs)
TEL. 01 42 60 41 96
Ⓜ Palais Royal

🏠 [A/C] 🥾

🍽️

Moderne • Convivial

PIROUETTE

À deux pas de la nouvelle "canopée" des Halles, sur une petite place tranquille avec terrasse, une adresse contemporaine aux airs de loft gourmand. Le chef François-Xavier Ferrol joue avec les recettes traditionnelles de la cuisine française, y ajoutant espièglerie et pirouettes, à l'instar de ces gnocchis cacahuète croustillants et fondants, chorizo et cèpes.

Menu 28 € (déjeuner), 49/65 €

5 rue Mondétour
www.restaurantpirouette.com
TEL. 01 40 26 47 81
Ⓜ Châtelet-Les Halles

Fermé 4-25 août, dimanche

🏠 [A/C]

🍽️

Traditionnelle • Vintage

LA RÉGALADE ST-HONORÉ

Bruno Doucet régale toujours les épicuriens du quartier des Halles avec des recettes à la gloire du terroir et du marché. Après avoir patienté avec la délicieuse terrine du chef, régalez-vous de girolles poêlées au jus de viande et œuf poché, ou d'un pigeonneau rôti à la broche... sans oublier l'emblématique riz au lait et soufflé chaud.

Menu 41 €

123 rue Saint-Honoré
www.laregalade.paris
TEL. 01 42 21 92 40
Ⓜ Louvre Rivoli

Fermé 1er-23 août

♿ [A/C] 🔲

¶○

Chinoise • Cosy

TAOKAN - ST-HONORÉ

Tao, c'est la voie, le chemin ; Kan, signifie "prendre soin" : TaoKan, c'est le lieu où l'on honore les saveurs de la gastronomie cantonaise, avec en prime quelques plats vietnamiens et thaïlandais. Citons par exemple ces raviolis pékinois grillés, ces dim sum, ou encore ces crevettes royales poêlées aux herbes fraîche et poivre... On se régale.

Menu 28 € (déjeuner), 70 € –
Carte 42/65 €

1 rue Mont-Thabor
www.taokan.fr
TEL. 01 42 61 97 88
⦿ Tuileries

Fermé 2-16 août, dimanche midi

 ♿   🛋 🧼

Adam Calaitzis/iStock

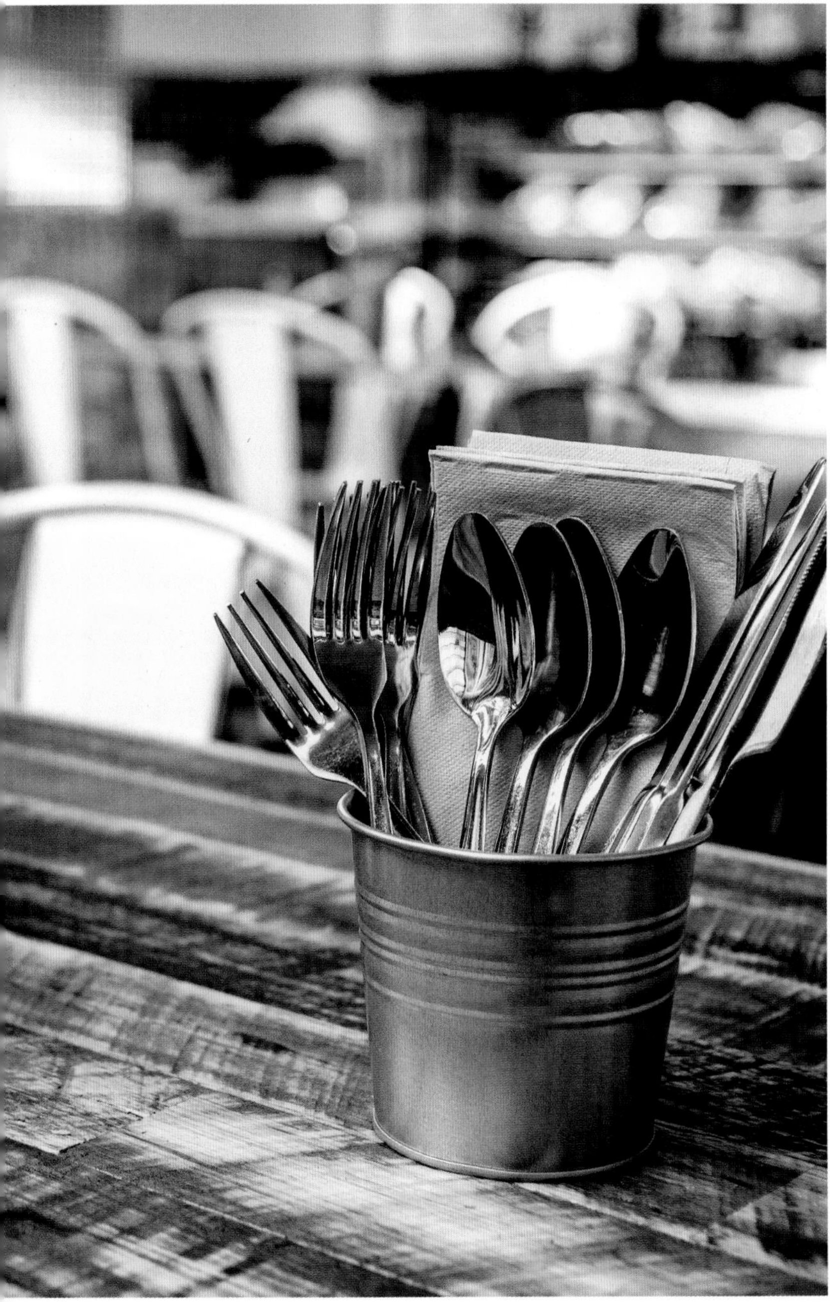

2ᵉ

BOURSE • SENTIER

Menu 39 € (déjeuner), 62/73 € –
Carte 45/50 €

24 rue Feydeau
www.accents-restaurant.com
TEL. 01 40 39 92 88
Ⓜ **Bourse**

Fermé 23-29 décembre, lundi,
dimanche

&. A/C

Moderne • Design

ACCENTS TABLE BOURSE

"L'accent nous indique l'origine de la personne ; il nous renseigne sur son pays, sa région et son histoire. C'est cette idée d'ouverture et de découverte que je veux défendre, une cuisine faite de rencontres et d'échanges" : ainsi s'exprime Ayumi Sugiyama, cheffe pâtissière japonaise et patronne de cette nouvelle adresse proche de la Bourse. On s'installe dans un agréable cadre contemporain, au mobilier design d'esprit scandinave. Les assiettes marient recettes classiques (le lièvre à la royale en saison est un enchantement) et créations plus piquantes, à l'instar de ce turbot sauvage, radis, shiimeji, citron et jus d'herbes. Les saveurs sont plaisantes, les préparations toujours précises. Un excellent crémeux praliné, glace café, riz soufflé-caramélisé, bulle cacahuète, émulsion banane finit de mettre l'accent sur l'impeccable expérience. Service fort aimable et professionnel.

À LA CARTE...
Cuisine du marché

£3

Moderne · Élégant

ERH

E, R et H comme Eau, Riz, Hommes : intitulé aussi mystérieux que poétique pour cette table atypique, qui compagnonne avec une boutique de sakés et un bar à whisky. Le chef japonais Keita Kitamura (ancien de chez Pierre Gagnaire, entre autres) concocte une cuisine française du marché ciselée et savoureuse avec une prédilection pour les légumes et les poissons. Il ne se prive pas de décocher quelques impressionnantes flèches gourmandes, pour un prix tout doux au déjeuner (menus 3 ou 5 plats), et des menus dégustation au dîner, composés au gré de la saison. Possibilité d'opter pour les accords mets et sakés. Le client découvre une étonnante salle à manger contemporaine sous une grande verrière, assorti d'un long comptoir devant la cuisine ouverte, où, comme au Japon, officie le chef nippon. C'est l'adresse à essayer entre le quartier des Halles et celui de Montorgueil. Quel talent, quel caractère !

À LA CARTE...
Cuisine du marché

Menu 45 € (déjeuner), 95/130 €

11 rue Tiquetonne
www.restaurant-erh.com
TEL. 01 45 08 49 37
Ⓜ **Étienne Marcel**

Fermé 1er-7 janvier, lundi, dimanche

A/C

Menu 45 € (déjeuner), 65/95 €

5 rue Paul-Lelong
www.fleurdepave.com
TEL. 01 40 26 38 87
Ⓜ **Sentier**

Fermé samedi, dimanche

Créative · Tendance

FLEUR DE PAVÉ

Vous avez aimé Itinéraires ? Vous adorerez Fleur de Pavé, un resto bien d'aujourd'hui où le chef Sylvain Sendra continue son exploration culinaire, avec la même fougue et le même panache que dans sa précédente adresse. Il trousse des assiettes modernes et voyageuses, faussement brutes dans le dressage, avec des produits de superbe qualité – et en particulier les légumes très exclusifs de chez Asafumi Yamashita. Voici un chef qui n'essaie pas d'étourdir par sa technique, mais plutôt à mettre l'accent sur les saveurs et à se montrer fidèle à l'énoncé de ses plats – qu'il en soit remercié.

À LA CARTE...

Légumes confits de nos producteurs, piment doux et sauce tom yum • Cabillaud cuit lentement, radis daïkon et pesto de coriandre, jus pomme-gingembre • Crémeux de lait comme un ashta, fraises gariguette et fève tonka, glace pistache

Moderne • Convivial

FRENCHIE

Drôlement Frenchy, le chef Grégory Marchand, lui qui a fait ses classes dans plusieurs grandes tables anglo-saxonnes (Gramercy Tavern à New York, Fifteen – par Jamie Oliver – à Londres, Mandarin Oriental à Hong Kong...). Il a aujourd'hui pris ses quartiers rue du Nil, dans ce restaurant de poche, au cœur du Sentier : la petite salle (briques, poutres, pierres apparentes, vue sur les fourneaux) ne désemplit pas, les stars s'y pressent, le murmure des gourmandises ouvre l'appétit. La "faute" à sa cuisine, qui partage tout du goût international contemporain, avec des associations de saveurs originales, centrées sur le produit, et des accords mets et vins particulièrement judicieux. Laissez-vous guider, c'est exquis.

À LA CARTE...
Cuisine du marché

Menu 50 € (déjeuner), 84 €

5 rue du Nil
www.frenchie-restaurant.com
TEL. 01 40 39 96 19
Ⓜ Sentier

Fermé 1ᵉʳ-16 août,
23 décembre-4 janvier, lundi midi,
mardi midi, mercredi midi, samedi,
dimanche

Menu 36 € (déjeuner), 80 € – Carte 75/85 €

1 rue des Panoramas
www.marcore-paris.com
TEL. 01 45 08 00 08
Ⓜ Bourse

Fermé samedi midi, dimanche

A/C

❀

Moderne · Chic

MARCORE

Après avoir régalé Pigalle avec leur Bouillon, Marc Favier et Aurélie Alary récidivent avec Marcore, l'association de leurs deux prénoms... et de leurs (nombreux) talents. De l'ancien Versance, à l'angle de la rue des Panoramas, ils ont fait une table à plusieurs visages : bar bistronomique au rez-de-chaussée, table "gastro" à l'étage, et même traiteur à emporter de l'autre côté de la rue. Le chef Favier revendique une cuisine plaisir, technique sans être démonstrative, où des produits de super qualité (saint-pierre, thon rouge, bœuf wagyu français) s'épanouissent en toute simplicité. C'est lisible, franc et gourmand : un super moment.

À LA CARTE...

Foie gras de canard des Landes poché et bouillon mélisse-ce-rises • Bar de ligne confit à l'huile d'olive, pickles bette-rave-groseille et condiment herbacé • Biscuit moelleux-sablé à la vanille de Nouvelle-Guinée, sauce chocolat blanc et glace café

Créative • Élégant

PUR' - JEAN-FRANÇOIS ROUQUETTE

Deux restaurants contemporains au Park Hyatt : SENS à l'heure du déjeuner et Pur', plus feutré, pour un bien agréable dîner. Ce dernier est évidemment à l'image de l'hôtel de la rue de la Paix, où luxe signifie raffinement, modernité et discrétion. Confiée à l'imagination d'Ed Tuttle, la décoration crée une atmosphère à la fois confortable et confidentielle, avec seulement 35 couverts. Tout est pensé dans les moindres détails : les harmonies de couleurs, l'éclairage jusqu'à l'espace lui-même – vaste rotonde surmontée d'une coupole et cerclée d'une colonnade. Jean-François Rouquette (Taillevent, le Crillon, la Cantine des Gourmets, les Muses) trouve ici un lieu à sa mesure pour exprimer la grande maîtrise de son talent. Sa cuisine, créative et inspirée, accorde avec finesse d'excellents produits. Un "pur" plaisir !

À LA CARTE...

Ormeaux dorés au beurre d'algue, artichaut poivrade, vadouvan, tobiko • Turbot doucement étuvé, jus beurré de moules, huile de fleurs • Fine feuille de chocolat "crunchy", parfait glacé au riz, sauce cacao au vinaigre sakura

Menu 165/205 € – Carte 160/255 €

5 rue de la Paix
www.paris-restaurant-pur.fr
TEL. 01 58 71 10 60
Ⓜ Opéra

Fermé 3-30 août, le midi

Menu 68 € (déjeuner),
140/210 €

5 rue Rameau
https://sushi-b-fr.com/
TEL. 01 40 26 52 87
Ⓜ Bourse

Fermé 1ᵉʳ-7 janvier, 27 avril-8 mai,
1ᵉʳ-18 août, lundi, mardi

A/C

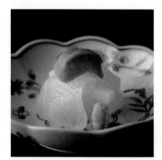

🕸

Japonaise · Épuré

SUSHI B

Aux abords du très agréable square Louvois, ce
restaurant de poche (8 places seulement) mérite
que l'on s'y attarde. Son cadre, tout d'abord, est zen
et dépouillé – fauteuils en tissus, comptoir élégant,
verreries fines, serviettes en coton blanc, baguettes
d'une belle finesse... Le marbre est omniprésent
jusque dans les toilettes – japonaises, évidemment !
Mais on vient surtout ici pour constater par soi-même
le grand talent du chef : en excellent artisan, il ne
travaille que des produits de qualité et de première
fraîcheur, avec une précision chirurgicale. Il faut voir,
par exemple, la qualité d'exécution de ses sushis et
makis, dont les saveurs cavalent en bouche, sans
jamais d'excès de soja ou de wasabi : le sens de la
mesure personnifié. Les autres plats sont équilibrés,
les textures complémentaires. Une adresse fort
agréable.

À LA CARTE...
Cuisine du marché

Moderne • Tendance

DÉPÔT LÉGAL

Un nouveau restaurant mené par Christophe Adam, chef pâtissier au parcours impeccable (le Gavroche à Londres, le Crillon et Fauchon à Paris). Ce lieu atypique, situé dans un angle de l'ancien hôtel Colbert, est ouvert de 8h à 23h, du petit-déjeuner au dîner. Côté papilles, des assiettes à partager, à l'instar du ceviche de bar à la patate douce et aux agrumes ou du croque-Vivienne au fromage frais et à la truffe noire. A l'entrée, un grand comptoir vitré présente les pâtisseries dont de nombreux éclairs, spécialité de la maison. Atypique, tendance et gourmand. Attention, pas de réservation le midi, et brunch le dimanche.

À LA CARTE...
Burrata crémeuse, tomates, pastèque et fraises • Croque Vivienne • "1000 feuilles mouillettes"

Carte 30/45 €

6 rue des Petits-Champs
www.depotlegalparis.com
TEL. 01 42 61 67 07
Ⓜ **Bourse**

Moderne • Simple

ITACOA

Itacoa, c'est le nom d'une plage brésilienne, sauvage et somptueuse, non loin de laquelle a grandi Rafael Gomes. Ce jeune chef pétri de talent, qu'on a connu inspiré et inspirant au Grandcœur de Mauro Colagreco (à Paris également), compose ici une cuisine du marché décomplexée, avec de nombreux hommages à ses origines sud-américaines. Salade d'avocat et de petit épeautre ; lieu jaune aux carottes, oranges et gingembre : c'est bon, c'est frais, et c'est surtout diablement original. Le tout dans le respect des saisons, en partenariat avec des petits producteurs triés sur le volet : carton plein.

À LA CARTE...
Gaspacho de maïs, chorizo, sauce vierge • Risotto de courgettes, yuzu et curry • Crémeux au chocolat blanc

Menu 21 € (déjeuner) – Carte 37/45 €

185 rue St-Denis
www.itacoa.paris
TEL. 09 50 48 35 78
Ⓜ **Réaumur-Sébastopol**

Fermé lundi, mardi, dimanche soir

Traditionnelle • Bistro

L'OSEILLE

Pierre Lecoutre fait parler son expérience (l'Atlantide, à Nantes, le Dôme du Marais et le Café des Musées, à Paris) dans cet établissement à quelques pas de la Bourse. Pour l'allure, c'est le bistrot chic dans toute sa splendeur, avec comptoir, cave vitrée, chaises en bois et banquettes de rigueur. Dans l'assiette, les saisons défilent sous la forme d'une carte courte, avec petites entrées à partager, et de généreux plats et desserts : citons notamment cette mitonnée d'escargots et oreille de cochon ; ce poisson du jour au beurre monté et légumes de saison ; ou encore cet œuf à la neige aux amandes caramélisées... Gourmandise et simplicité sont les maîtres-mots de cette belle adresse.

À LA CARTE...

Cervelle de veau meunière • Poisson du jour au beurre monté et légumes de saison • Œuf à la neige aux amandes caramélisées

**Menu 29 € (déjeuner), 37 € –
Carte 30/50 €**

**3 rue St-Augustin
www.loseille-bourse.com
TEL. 01 45 08 13 76
Ⓜ Bourse**

Fermé 8-30 août, samedi, dimanche

   ♿ A/C

🍴○

Lyonnaise • Bistro

AUX LYONNAIS

Dans ce bistrot fondé en 1890, au cadre délicieusement rétro, on se régale d'une savoureuse cuisine qui explore la gastronomie lyonnaise. Ainsi le tablier de sapeur, la quenelle de brochet sauce Nantua, le foie de veau en persillade, ou l'île flottante aux pralines roses.

**Menu 34 € (déjeuner), 35 € –
Carte 44/56 €**

**32 rue St-Marc
www.auxlyonnais.com
TEL. 01 42 96 65 04
Ⓜ Richelieu Drouot**

Fermé 1ᵉʳ-29 août, 21 décembre-2 janvier, lundi, samedi midi, dimanche

A/C

━━━━━━━━━━

🍴○

Moderne • Élégant

BISTRO VOLNAY

Miroirs et comptoir en bois : cet élégant bistrot revisite l'esprit des années 1930. Le chef compose des recettes goûteuses, jouant des associations vin et poivre (avec une sélection de plus de 30 poivres du monde entier). Ici, le best-seller des desserts est le coulant au chocolat de Samana accompagné d'une glace au poivre (forcément !) et de noix de pécan caramélisées. On accompagne son repas d'une belle sélection de vins au verre, avec près de 400 références.

Menu 40 € (déjeuner), 45/68 €

**8 rue Volney
www.bistro-volnay.fr
TEL. 01 42 61 06 65
Ⓜ Opéra**

Fermé 3-24 août, samedi, dimanche

🍴🍴 A/C

🍴 *Traditionnelle • Bistro*

LA BOURSE ET LA VIE

Ce bistrot tenu par un chef américain connaît un franc succès. Sa recette ? Des plats biens français, sagement revisités par le maître des lieux, des produits de qualité et des saveurs ô combien plaisantes...

Menu 34 € (déjeuner) – Carte 63/72 €

12 rue Vivienne
www.labourselavie.com
TEL. 01 42 60 08 83
Ⓜ Bourse

Fermé 3-24 août, samedi, dimanche

🍴 *Cuisine du Sud-Ouest • Contemporain*

JÒIA PAR HÉLÈNE DARROZE

La toute nouvelle table d'Hélène Darroze joue ici la convivialité autour de plats puisés dans la mémoire de son Sud-Ouest natal, avec de jolis clins d'œil aux Landes, au Pays Basque et au Béarn. Saveurs marquées, produits de qualité : un sympathique hommage à la cuisine familiale de la maison Darroze, que concoctait son père à Villeneuve de Marsan. Nostalgie, quand tu nous tiens...

Menu 29 € (déjeuner) – Carte 55/75 €

39 rue des Jeûneurs
www.joiahelenedarroze.com
TEL. 01 40 20 06 06
Ⓜ Grands Boulevards

🍴 *Libanaise • Tendance*

LIZA

Originaire de Beyrouth, Liza Asseily met ici la cuisine de son pays à l'honneur. Dans un décor contemporain parsemé de touches orientales, on opte pour un chich taouk, ou pour un kafta méchouiyé (agneau, houmous et tomates confites)... Le soir, les menus dégustation sont servis à la libanaise, c'est à dire avec une générosité proverbiale : un régal !

Menu 27 € (déjeuner), 38/48 € – Carte 42/50 €

14 rue de la Banque
www.restaurant-liza.com
TEL. 01 55 35 00 66
Ⓜ Bourse

Fermé 10-16 août, dimanche soir

🍴 *Thaïlandaise • Convivial*

MONSIEUR K

Si le chef n'est pas un véritable passionné de l'Asie, on ne s'y connaît pas : fureteur incessant, il a tout goûté en Thaïlande, du nord au sud du pays, pour pouvoir reproduire à l'identique les meilleurs plats. Le garçon est un perfectionniste pour la bonne cause : son pad thaï est savoureux.

Menu 27 € (déjeuner), 39 € – Carte 40/50 €

10 rue Marie-Stuart
www.kapunkaparis.com
TEL. 01 42 36 01 09
Ⓜ Sentier

Fermé dimanche

🍴○

Italienne • Élégant

MORI VENICE BAR

Installez-vous face à la Bourse ou au comptoir pour savourer les grandes spécialités de la cuisine vénitienne, et du nord-est de l'Italie. Le décor, signé Starck, évoque le raffinement vénitien. Massimo Mori, patron du restaurant étoilé Armani, choisit les produits, avec une attention portée au terroir : araignée de mer, foie de veau jusqu'aux délicieuses glaces à agrémenter de noisettes du Piémont !

Menu 44 € (déjeuner), 60/80 € – Carte 60/130 €

27 rue Vivienne
www.mori-venicebar.com
TEL. 01 44 55 51 55
Ⓜ Bourse

Fermé samedi midi, dimanche

🍴○

Créative • Tendance

SHABOUR Ⓝ

Derrière Shabour, on trouve Assaf Granit, chef israélien déjà aux commandes de Balagan, à Paris. On retrouve ici ses marques de fabrique : ambiance débridée, déco brute, lumières tamisées... et surtout cette cuisine créative aux influences méditerranéennes, généreuse et surprenante, qui emporte tout par sa fraîcheur.

Menu 81 € – Carte 55/80 €

19 rue St-Sauveur
www.restaurantshabour.com
Ⓜ Réaumur-Sébastopol

Fermé dimanche

🅰/🅲

🍴○

Italienne • Contemporain

RESTAURANT DES GRANDS BOULEVARDS

Sous la verrière centrale de l'hôtel, une déco moderne et tendance, très "été sur la Riviera"... et des saveurs italiennes, sous la direction du chef Giovanni Passerini. Un seul exemple, sa relecture d'un plat populaire toscan – gnudi aux herbes et parmesan – est une leçon de simplicité et de gourmandise. Service efficace et chaleureux.

Menu 27 € (déjeuner) – Carte 43/60 €

17 boulevard Poissonnière
www.grandsboulevardshotel.com
TEL. 01 85 73 33 32
Ⓜ Grands Boulevards

3e

LE HAUT MARAIS • TEMPLE

✿

Classique · Luxe

ANNE

Le Pavillon de la Reine, magnifique demeure de la place des Vosges, rend hommage à Anne d'Autriche, reine de France et épouse de Louis XIII, qui a vécu dans ces murs. Au restaurant, supervisé par Mathieu Pacaud, le chef revisite les classiques avec intelligence et un talent certain. Les saveurs sont au rendez-vous, les produits sont irréprochables : citons juste ce rouget, chipirons, gambas, soupe de poisson safranée, pois chiches… On passe un excellent moment, que ce soit dans le cadre intimiste et romantique du salon bibliothèque ou sur la superbe cour-jardin verdoyante, aux beaux jours. En prime, très beau choix de vins.

Menu 55 € (déjeuner),
105/150 € – Carte 108/138 €

28 place des Vosges
www.pavillon-de-la-reine.com/fr
TEL. 01 40 29 19 19
◉ Bastille

Fermé lundi, mardi, dimanche soir

À LA CARTE...

Foie gras de canard poché, consommé d'une bigarade, burlats farcies et pickles d'amandes fraîches • Turbot sauvage rôti meunière, sabayon de vin jaune, pastèque et melon grillés • Soufflé au chocolat

¶⃝

Sud-Américaine • Tendance

ANAHI

Depuis son ouverture, c'est LA table à ne pas manquer dans le haut Marais… et pour cause. On y goûte des viandes exceptionnelles, cuites à la braise et assaisonnées d'une excellente marinade aux herbes… Pour la petite histoire, le lieu était une boucherie dans les années 1920, comme le rappelle l'élégante verrière Art déco du plafond, et les faïences d'époque.

Carte 65/95 €

49 rue Volta
www.anahi-paris.com
TEL. 01 83 81 38 00
Ⓜ **Temple**

Fermé 27 juillet-16 août, le midi du lundi au samedi

¶⃝

Traditionnelle • Simple

AU BASCOU

Renaud Marcille (ancien du Lucas Carton) œuvre aujourd'hui à la tête de ce bistrot, véritable institution parisienne. Ici, la cuisine chante avec les chauds accents de la terre basque, mais pas seulement. Si de nombreux produits viennent du "pays" (piperades, chipirons, fricassée d'escargots), on ne s'interdit pas des assiettes plus actuelles, ni du gibier en saison, dont le fameux oreiller de la belle Aurore. On se régale.

Menu 25 € (déjeuner) – Carte 35/65 €

38 rue Réaumur
TEL. 01 42 72 69 25
Ⓜ **Arts et Métiers**

Fermé 4-12 avril, 1ᵉʳ-23 août, 23 décembre-3 janvier, samedi, dimanche

[A/C]

¶⃝

Bretonne • Simple

BREIZH CAFÉ - LE MARAIS

Après avoir conquis le Japon avec ses crêperies nouvelle mode (farines bio, bons produits), Bertrand Larcher a ramené en France des crêpiers nippons ! Ils défendent joliment le slogan maison : "La crêpe autrement." Un exemple ? La basquaise : asperges, tomate, chorizo, basilic et fromage fondu. Voilà qui ne tombe pas à plat !

Carte 25/38 €

109 rue Vieille-du-Temple
www.breizhcafe.com
TEL. 01 42 72 13 77
Ⓜ **St-Sébastien Froissart**

¶⃝

Moderne • Bistro

LES ENFANTS ROUGES

À l'origine, un chef d'origine japonaise, ayant fait son apprentissage chez Yves Camdeborde et Stéphane Jégo. À l'arrivée, un beau bistrot parisien, situé au cœur du Haut Marais, proposant une savoureuse cuisine du marché à la française. Pâté de campagne de canard au sang, thon rouge tataki à la plancha laqué au gingembre, baba au rhum et chantilly, etc… Et cerise sur le gâteau, c'est ouvert le week-end ! N'attendez plus.

Menu 40 € (déjeuner), 55/75 €

9 rue de Beauce
www.les-enfants-rouges.fr
TEL. 01 48 87 80 61
Ⓜ **Filles du Calvaire**

Fermé 4-24 août, mardi, mercredi, jeudi midi

B. Gardel/hemis.fr

4ᵉ

ÎLE DE LA CITÉ •
ÎLE ST-LOUIS •
LE MARAIS •
BEAUBOURG

Carte 220/330 €

9 place des Vosges
www.ambroisie-paris.com
TEL. 01 42 78 51 45
Ⓜ St-Paul

Fermé 9-24 février, 26 avril-4 mai,
2-24 août, lundi, dimanche

✿ ✿ ✿

Classique · Luxe

L'AMBROISIE

Comment raconter les créations de Bernard Pacaud, dont la qualité n'a d'égale que sa modestie ? L'homme est un taiseux : ça tombe bien, sa cuisine parle pour lui. Dans sa demeure quasi florentine de la place des Vosges – miroirs anciens, immense tapisserie, sol en marbre blanc et noir –, il continue de nous bluffer par sa régularité, et par le supplément d'âme qu'il insuffle en permanence à son travail. Dans ses assiettes, simples en apparence, chaque élément est posé avec certitude, à la façon d'une toile de maître. Il suffit de se laisser emporter : l'émotion affleure partout. Exceptionnelle fricassée de homard sauce civet et mousseline saint-germain, inoubliables Saint-Jacques aux poireaux, pomme de terre et truffe ; côté dessert, tarte fine sablée au cacao amer et glace vanille... Grandiose.

À LA CARTE...

Feuillantines de langoustines aux graines de sésame, sauce curry • Escalopines de bar à l'émincé d'artichaut, caviar golden • Tarte fine sablée au cacao amer, crème glacée à la vanille Bourbon

Classique • Bistro

BENOIT

Pour retrouver l'atmosphère d'un vrai bistrot parisien, poussez donc la porte du 20, rue St-Martin. C'est ici, en plein cœur de Paris, que l'enseigne vit le jour dès 1912, du temps des Halles populaires. À l'origine bouchon lyonnais, le bistrot est resté dans la famille Petit pendant trois générations, lesquelles ont façonné et entretenu son charme si désuet. Belle Époque, plus exactement : boiseries, cuivres, miroirs, banquettes en velours, tables serrées les unes contre les autres... Chaque élément, jusqu'aux assiettes siglées d'un "B", participe au cachet de la maison. Rien à voir avec les ersatz de bistrots à la mode ! Et si l'affaire a été cédée au groupe Ducasse (2005), elle a préservé son âme. Traditionnelles à souhait, les recettes allient produits du terroir, justesse des cuissons et générosité. Les habitués le savent bien : "Chez toi, Benoît, on boit, festoie en rois." Surtout si l'on pense aux plats canailles que tout le monde connaît, mais que l'on ne mange quasiment jamais... sauf ici.

Menu 39 € (déjeuner) – Carte 70/100 €

20 rue St-Martin
www.benoit-paris.com
TEL. 01 42 72 25 76
Ⓜ Châtelet-Les Halles
Fermé 26 juillet-23 août

À LA CARTE...

Langue de bœuf Lucullus, cœur de romaine à la crème moutardée • Sauté gourmand de ris de veau, crêtes et rognons de coq, foie gras et jus truffé • Profiteroles Benoit, sauce chocolat chaud

Menu 35 € (déjeuner), 60/80 €

13 rue Jean-Beausire
www.restauranth.com
TEL. 01 43 48 80 96
Ⓜ **Bastille**

Fermé 5-12 mai, 4-25 août,
22 décembre-3 janvier, lundi,
dimanche

♿ AC

✻
Créative · Cosy

RESTAURANT H

À la recherche de belles surprises gastronomiques dans les environs de la Bastille ? On a ce qu'il vous faut : "H", comme Hubert Duchenne, jeune chef passé chez Akrame Benallal, et Jean-François Piège, au Thoumieux. Tout commence par une devanture élégante et engageante, qu'on traverse pour entrer dans cette demeure assez discrète.

Là, c'est le minimalisme même : vingt couverts à peine, pour cette salle à manger du genre intime, au cadre aussi chic que cosy. Puis, très vite, quelle jolie découverte dans l'assiette ! On se régale d'un menu unique sans choix et bien ficelé, dans lequel les recettes, bien maîtrisées, vont toujours à l'essentiel. Vous réclamez des preuves ? Cette alliance de moules, crème de persil et salicorne devrait faire l'affaire, tout comme ce maigre, amarante et sarrasin... C'est inventif et très maîtrisé : on se régale, d'autant que les produits utilisés sont d'excellente qualité.

À LA CARTE...

Coques, beurre blanc, laitue et salicorne • Bœuf wagyu cuit au barbecue • Citron et noisette

Pierre ANTOINE/Restaurant H • Restaurant H

❀

Moderne · Élégant

LE SERGENT RECRUTEUR

Le chef Alain Pégouret a emprunté à Joël Robuchon l'amour du geste précis et la rigueur du travail. Il suffit, pour s'en assurer, de pousser la porte du Sergent Recruteur, taverne historique de l'île Saint-Louis, reconvertie en table gastronomique. L'ancien chef du Laurent fait montre d'une impressionnante maîtrise. Ses assiettes fines, aux saveurs ciselées – et qui dévoilent, en filigrane, de solides bases classiques –, laissent le souvenir d'une belle cohérence gustative, avec un travail subtil sur les jus et les sauces ainsi qu'une attention aux belles cuissons. La maison distille une ambiance élégante et feutrée, associant habilement design contemporain et murs anciens. Une renaissance réussie.

Menu 39 € (déjeuner),
85/179 € – Carte 84/118 €

41 rue Saint-Louis-en-l'Île
www.lesergentrecruteur.fr
TEL. 01 43 54 75 42
Ⓜ Pont Marie

Fermé 16-27 février, 9-31 août,
lundi, dimanche

A/C

À LA CARTE...
Truite irisée boisée, crème fouettée au sirop d'érable, pomme verte et radis noir • Pigeon fumé, grillé, purée de haricot noir au paprika et origan • Chocolat au gingembre, sorbet cacao et citron vert sous un voile d'or

¶○

Moderne · Bistro

CAPITAINE

L'arrière-grand-père du chef, d'origine bretonne, était capitaine au long cours... Le capitaine, désormais, c'est lui : Baptiste Day, qui après avoir fréquenté les cuisines de grands restaurants (L'Ambroisie, L'Arpège, et l'Astrance) a décidé de prendre le large à bord d'un sympathique bistrot, et nous régale d'une très jolie cuisine du marché, ancrée dans son époque. Produits frais et de qualité, préparations goûteuses : une adresse percutante.

Menu 27 € (déjeuner), 40/70 € – Carte 40/50 €

4 impasse Guéménée
TEL. 01 44 61 11 76
Ⓜ **Bastille**

Fermé 27 juillet-20 août, lundi, mardi midi, dimanche

¶○

Japonaise · Épuré

ISAMI

Isami est renommé auprès des Japonais, qui savent où se rendre pour manger "comme chez eux"... Derrière son bar, Katsuo Nakamura réalise en effet des merveilles de sushis et de chirashis, démontrant une maîtrise fascinante des couteaux au service de produits ultrafrais. Un must parmi les adresses nippones de la capitale.

Carte 45/95 €

4 quai Orléans
TEL. 01 40 46 06 97
Ⓜ **Pont Marie**

Fermé 2-31 août, lundi, dimanche

A/C

¶○

Israélienne · Vintage

TAVLINE

Un petit bout de Tel-Aviv entre Saint-Paul et Hôtel de Ville, un zeste de Maroc, un soupçon de Liban. Telle est la recette de Tavline, où les épices, provenant du "Shuk Ha'Carmel", le plus grand marché de Tel-Aviv, agrémentent une cuisine fine, dont ce mémorable memoulaïm (oignons farcis d'agneau), recette héritée de la mère du chef.

Carte 33/43 €

25 rue du Roi-de-Sicile
www.tavline.fr
TEL. 09 86 55 65 65
Ⓜ **St-Paul**

Fermé 11-27 août, lundi, dimanche

L. Real/age fotostock

5^e

QUARTIER LATIN • JARDIN DES PLANTES • MOUFFETARD

Menu 55 € (déjeuner),
120/185 €

5 rue de Poissy
www.restaurant-alliance.fr
TEL. 01 75 51 57 54
Ⓜ **Maubert Mutualité**

**Fermé 1ᵉʳ-23 août, samedi,
dimanche**

 ♿ A/C

Moderne • Contemporain

ALLIANCE

Apparu entre les quais de la rive gauche et le boulevard St-Germain, ce restaurant célèbre l'Alliance de Shawn et Toshi, deux anciens de l'Agapé (respectivement maître d'hôtel et cuisinier), désormais complices dans cette nouvelle aventure. Il ne faut pas compter sur Toshitaka Omiya, le chef, pour donner dans l'esbroufe ou l'artificiel : sa cuisine s'appuie sur de beaux produits de saison et va à l'essentiel, tant visuellement que gustativement.

Pomme de terre Allians ; tourteau, bergamote et thé Earl Grey ; ou encore foie gras, légumes en pot-au-feu et bouillon de canard, qui s'affirme déjà comme la spécialité de la maison... De vrais éclairs de simplicité, des mélanges subtils et bien exécutés : c'est du (très) sérieux. Un mot enfin sur la salle épurée, aux subtiles touches nipponnes : on s'y sent bien, d'autant qu'elle offre une jolie vue sur les fourneaux.

À LA CARTE...
Artichaut, ormeau et coriandre • Poulette patte noire et corail de homard • Rhubarbe, huile d'olive et thé blanc

ॐ

Moderne · Contemporain

BAIETA

"Ici, la bouillabaisse tutoie l'aïoli, et la pissaladière jalouse la socca, juste sortie du four à charbon." Julia Sedefdjian (ancienne des Fables de la Fontaine, Paris aussi) est chez elle, heureuse et épanouie. Sa cuisine, colorée et parfumée, s'en ressent. Elle chante la Méditerranée et les bons produits, qu'elle sélectionne avec justesse et travaille avec créativité, sans jamais oublier ses racines niçoises. On se régale d'une poitrine de cochon caramélisée, ou d'un beau tronçon d'aile de raie, dorée au beurre blond... Et en dessert, ce jour-là, des fraises Gariguette parfumées, accompagnées d'un crémeux à la vanille et d'un excellent sorbet thym et framboise. Bienvenue chez Baieta – le bisou en patois niçois !

À LA CARTE...
Jaune d'œuf croustillant, haddock cru et cuit, poireau en vinaigrette d'algues • Bouillabaieta, rouille et croûtons • Sablé fenouil, crème citronnée, mascarpone et sorbet citron-pastis

Menu 45 € (déjeuner), 85 € – Carte 63/81 €

5 rue de Pontoise
www.restaurant-baieta-paris.fr
TEL. 01 42 02 59 19
Ⓜ Maubert Mutualité

Fermé lundi, dimanche

&

Menu 45 € (déjeuner),
85/115 € – Carte 78/110 €

42 rue Daubenton
www.mavrommatis.com
TEL. 01 43 31 17 17
Ⓜ **Censier Daubenton**

**Fermé 9-31 août, lundi, mardi
midi, mercredi midi, jeudi midi,
dimanche**

Grecque · Élégant
MAVROMMATIS

Un vent d'audace et d'Odyssée souffle sur la table du chef chypriote Andréas Mavrommatis. On se régale ici d'une cuisine généreuse et maîtrisée, inspirée de bases classiques françaises, associées aux meilleurs produits grecs ; superbes langoustines ; quasi de veau du Limousin tendre et rosé ; et en dessert, une tarte chocolat-olive et basilic, aux saveurs percutantes. Le voyage en Grèce se poursuit au gré des saisons et inspirations du chef, dans un cadre aussi raffiné que les civilisations issues de la Méditerranée. L'établissement, entièrement réinventé par l'architecte Régis Botta dans un esprit moderne et épuré avec boiserie et murs beiges, arches et niches, offre un écrin feutré à cette somptueuse promenade hellénique gastronomique.

À LA CARTE...
Aubergine confite au thym, légumes crus et cuits, crevette et lard de Colonnata • Encornets farcis, crevettes grillées, fenouil confit et rouille au curcuma • Ganache au chocolat aux olives, crème chocolat-basilic et glace à la fleur d'oranger

Créative • Cosy

OKA

Le chef propriétaire brésilien Raphaël Régo au parcours alléchant (école Ferrandi, Atelier de Joël Robuchon, Taillevent) signe chez Oka une partition créative, distillant une incontestable identité culinaire, naviguant entre France (pêche des côtes vendéennes) et Brésil, privilégiant toujours de très beaux produits. On déguste les menus dans un cadre cosy et élégant, avec cuisine ouverte sur l'artiste en chef. Les préparations, aux visuels sophistiqués et épurés, jouent avec talent sur le mariage des saveurs (sucrées, pimentées, acides...) et les textures, sans jamais tomber dans l'excès de la démonstration. Faites confiance à la subtilité du sommelier pour marier mets et vins. Infiniment personnel, soigné, parfumé – en un mot : stylé. Un coup de cœur.

À LA CARTE...
Araignée de mer, perles de tapioca et émulsion à l'eau de coco • Pigeon du Périgord, citron vert, haricots d'Amazonie et noix du Brésil aux légumes de saison • Chocolat blanc, maracuja et açaï

Menu 45 € (déjeuner), 85 €

1 rue Berthollet
www.okaparis.fr
TEL. 01 45 30 94 56
Ⓜ Censier Daubenton

Fermé 25 juillet-22 août, lundi midi, mardi midi, mercredi midi, jeudi midi, samedi, dimanche

Menu 98/115 €

12 rue de l'Hôtel-Colbert
www.restaurant-sola.com
TEL. 01 42 02 39 24
 Maubert Mutualité

Fermé 1ᵉʳ-13 janvier, 11-24 août,
lundi, dimanche et le midi

❁

Moderne • Élégant

SOLA

Tout près des quais donnant sur Notre-Dame et... déjà au Japon ! Voilà Sola et son décor bois et zen avec, au sous-sol, la cave voûtée où les tables figurent un tatami (attention, prière de retirer ses chaussures). Le chef Kosuke Nabeta propose une savoureuse passerelle entre exigence et précision de la gastronomie nippone et richesses du terroir français. Lors d'un de nos passages : thon et betterave rouge ; encornet, risotto, champignons ; foie gras, truffe noire ; lotte, coques, beurre de noisette... Une cuisine en apesanteur, harmonieuse et raffinée, et si personnelle que l'on ne saurait la réduire à ces simples adjectifs, si élogieux soient-ils.

À LA CARTE...

Foie gras fumé au sakura, anguille, risotto et truffe noire • Agneau grillé au charbon et légumes de saison • Nuages de menthe, sudachi et abricot

Créative • Contemporain

SOLSTICE

S'il existe des "écrivains pour écrivains", il y a des chefs pour chefs. MOF, pilier de l'école Ferrandi, promoteur du design culinaire, restaurateur à Séoul, Éric Trochon est de cette trempe – admiré autant que méconnu. Il est désormais chez lui dans ce restaurant intime et moderne, en compagnie de son épouse coréenne et sommelière. La déco navigue entre mobilier design et murs bruts. La carte joue aussi le minimalisme avec deux propositions percutantes – et pas plus – de l'entrée au dessert. Dans l'assiette, les textures et les contrastes font mouche, comme sur cette nage de coco de Paimpol, fenouil et melon en pickles, granité reine-des-prés ou sur ce ris de veau (vraiment) croustillant et cœur fondant, ricotta et courgettes vertes et jaunes.

À LA CARTE...

Nage de coco de Paimpol, fenouil et melon en pickles, granité reine-des-prés • Poisson du jour grillé au binchotan, céleri, pralin noisette et jus de volaille • Papillotes de pommes vertes, glace yuzu et yaourt

Menu 35 € (déjeuner), 65/90 € – Carte 67/83 €

45 rue Claude-Bernard
www.solsticeparis.com
TEL. 06 52 31 83 84
 Censier Daubenton

Fermé lundi, mardi midi, dimanche

 A/C

Menu 105 € (déjeuner),
360/380 € – Carte 200/350 €

15 quai de la Tournelle
www.tourdargent.com
TEL. 01 43 54 23 31
Ⓜ Maubert Mutualité

Fermé 3-24 août, lundi, dimanche

✿

Moderne • Luxe

TOUR D'ARGENT

Fondée en 1582, cette élégante auberge de bords de Seine devient un restaurant en 1780. C'est au début du 20ᵉ s. qu'André Terrail l'achète, avec une idée de génie : élever l'immeuble d'un étage pour y installer la salle à manger, et jouir ainsi d'un panorama unique, l'une des plus belles vues sur la Seine et Notre-Dame-de-Paris ! Pour le reste, l'âme de la Tour d'Argent évolue avec son temps : véritable palimpseste, la carte, réinterprétée par Yannick Franques, MOF 2004, conserve la mémoire de plusieurs décennies de haute gastronomie française. Ainsi le canard au sang, servi dans son ensemble, mis en avant en cinq plats. Que les puristes se rassurent, le service, parfaitement réglé, assure toujours le spectacle. Quant à l'extraordinaire cave, elle renfermerait... près de 400 000 bouteilles pour 15 000 références.

À LA CARTE...

Endives, truffes noires en vessie, légumes d'hiver et mousseline de rutabagas • Caneton Frédéric Delair • Crêpes "mademoiselle" et sorbet au caillé de lait cru

Herminie Philippe/Tour d'Argent • Tour d'Argent Paris

Italienne · Convivial

CUCINA

Excellente surprise que ce dernier né des restaurants griffés Alain Ducasse ! Côté atmosphère, on retrouve le savoir-faire du grand chef, artiste de la convivialité élégante, avec son grand comptoir central, sa déco de bistrot moderne et ses serveurs en marinière rouge et blanche. Côté coulisses, le chef Matteo Lorenzini signe une belle carte italienne de saison, sur laquelle on retrouve les classiques. Les produits, triés sur le volet, proviennent d'Italie ou d'Île-de-France. Les jus sont excellents, les assaisonnements travaillés. Paccheri guancia di manzo, sorbetto al limone : on se régale de bout en bout, des antipasti aux dolce. Une réussite.

À LA CARTE...
Polpo-patate • Paccheri, joue de bœuf fondante • Sorbetto al limone

Carte 38/60 €

20 rue Saint-Victor
www.cucina-mutualite.com
TEL. 01 44 31 54 54
Ⓜ **Maubert-Mutualité**

♿ A/C

Moderne · Convivial

KOKORO

Kokoro ? C'est "cœur", en japonais. Cette adresse a en effet un pied au pays du Soleil-Levant, puisqu'elle a été ouverte par un jeune couple franco-japonais, à deux pas du métro Cardinal-Lemoine. Lui, c'est Frédéric Charrier, jeune chef originaire de Vendée qui se charge des préparations salées ; elle, c'est Sakura Mori, native du Japon, qui concocte les desserts. Le duo travaille d'arrache-pied et le résultat est formidable : leur cuisine, réglée sur les saisons, se révèle à la fois intelligente, légère et subtile, tout en réservant de belles surprises...

À LA CARTE...
Ravioles de canard, miso rouge et chou-fleur • Cabillaud, asperges vertes, citron confit • Crème glacée potimarron, poire au vin rouge, gavottes

Menu 25 € (déjeuner), 34 €

2 rue des Boulangers
www.restaurantkokoro.blogspot.fr
TEL. 01 44 07 13 29
Ⓜ **Cardinal Lemoine**

Fermé 1ᵉʳ-15 juillet, lundi midi, samedi, dimanche

A/C

🍽️

Créative · Bistro

AFFINITÉ

Les deux associés du restaurant étoilé Alliance – le cuisinier Toshitaka Omiya et le directeur de salle Shawn Joyeux – ont rénové ce bistro situé légèrement en retrait du boulevard Saint-Germain. Déco tendance, cuisine actuelle, assiettes joliment créatives et même plus, si affinités...

Menu 29/60 € – Carte 48/65 €

52 boulevard Saint-Germain
restaurant-affinite.fr
TEL. 01 42 02 41 71
Ⓜ Maubert - Mutualité

Fermé lundi, dimanche

  ♿ A/C

🍽️

Créative · Design

AT

A deux pas des quais de Seine et de la Tour d'Argent, ce petit restaurant au décor minimaliste cultive l'âme japonaise : le chef Tanaka, passé chez Pierre Gagnaire, aime la fraîcheur et la précision ; il tient sa clientèle en haleine avec des assiettes créatives et variées. Salle voûtée au sous-sol.

Menu 55 € (déjeuner), 115 €

4 rue du Cardinal-Lemoine
www.atsushitanaka.com
TEL. 01 56 81 94 08
Ⓜ Cardinal Lemoine

Fermé 7-31 août, lundi midi, dimanche

A/C

🍽️

Grecque · Taverne

LES DÉLICES D'APHRODITE

Dans ce sympathique restaurant aux allures de taverne, on se croirait presque en Grèce ! Poulpe mariné, caviar d'aubergines, moussaka, etc. Cette cuisine fraîche et ensoleillée tire le meilleur parti de produits de qualité.

Carte 36/57 €

4 Rue de Candolle
www.mavrommatis.fr
TEL. 01 43 31 40 39
Ⓜ Censier Daubenton

  A/C

🍽️

Moderne · Traditionnel

L'INITIAL

Le chef japonais, au palmarès étincelant (Robuchon Tokyo, Bernard Loiseau à Saulieu), propose une cuisine française d'une remarquable précision réalisée autour d'un menu sans choix rythmé par les saisons. Bon rapport qualité-prix et service aux petits soins.

Menu 36 € (déjeuner), 60 €

9 Rue de Bièvre
www.restaurant-linitial.fr
TEL. 01 42 01 84 22
Ⓜ Maubert Mutualité

Fermé 9-31 août, lundi, mardi midi, dimanche

Moderne • Contemporain

KITCHEN TER(RE)

William Ledeuil façonne un kaléidoscope de l'épure et du goût, où brillent des pâtes de haut-vol (réalisées par l'artisan Roland Feuillas à base d'épeautre, blé dur, engrain ou barbu du Roussillon), mais aussi un bouillon thaï, anguille, pomme de terre, ou encore un cappuccino, pommes au tamarin et glace au caramel... Absolument moderne, absolument gourmand.

Menu 30 € (déjeuner), 47 €

26 Boulevard Saint-Germain
www.zekitchengalerie.fr
TEL. 01 42 39 47 48
Ⓜ Maubert Mutualité

Fermé lundi, dimanche

A/C

Traditionnelle • Bistro

LES PAPILLES

Bistrot, cave et épicerie : une adresse attachante, où l'on fait pitance entre casiers à vins et étagères garnies de conserves. Le soir, on vous propose un menu unique où les suggestions gourmandes affolent les papilles.

Menu 35 € (déjeuner), 38 € –
Carte 45/55 €

30 Rue Gay-Lussac
www.lespapillesparis.com
TEL. 01 43 25 20 79
Ⓜ Luxembourg

Fermé 1er-6 janvier, 12-20 avril,
26 juillet-24 août, lundi, dimanche

BrendanHunter/iStock

6e

ST-GERMAIN-
DES-PRÉS • ODÉON •
JARDIN DU
LUXEMBOURG

Menu 250 € (déjeuner),
478 € – Carte 250/290 €

11 quai de Conti
www.guysavoy.com
TEL. 01 43 80 40 61
Ⓜ **St-Michel**

Fermé 2-24 août, lundi, samedi
midi, dimanche

✿✿✿

Créative • Luxe

GUY SAVOY

Dans le cadre exceptionnel de l'hôtel de la Monnaie, Guy Savoy rédige un nouveau chapitre de cette histoire entamée quelques décennies plus tôt : lorsque, jeune garçon, il passait la tête au-dessus des casseroles familiales dans la cuisine de la Buvette de l'Esplanade, à Bourgoin-Jallieu... Ici, il a vu les choses en grand : six salles parées de toiles contemporaines et de sculptures – dont un grand nombre prêté par François Pinault –, avec des fenêtres à huisseries anciennes donnant sur la Seine. Autant de faste ne détourne pas le chef de son travail : cette gastronomie vécue comme une fête, hommage renouvelé à la cuisine française. On retrouve notamment la soupe d'artichaut et truffes, plat emblématique de la maison, à déguster avec sa brioche tartinée de beurre de truffes...

À LA CARTE...

Soupe d'artichaut à la truffe noire, brioche feuilletée aux champignons et aux truffes • Canette maturée aux épices, gratin de bette au laurier • Mille feuilles ouvertes à la vanille de Tahiti

Italienne • Contemporain

EMPORIO ARMANI
CAFFÈ RISTORANTE

Emplacement original pour ce restaurant, situé au 1er étage de la boutique Armani de St-Germain-des-Prés (non loin de l'église). La salle est épurée et élégante, dans le style du créateur bien sûr : camaïeu de beiges, banquettes, murs laqués, lumière tamisée... N'aurait-on affaire là qu'à un autre type de vitrine ? Au contraire, ce ristorante compte parmi les meilleures tables italiennes de la capitale. Le chef Massimo Tringali, ancien second du Casadelmar, à Porto-Vecchio, accommode des produits de grande qualité dans l'esprit de la cuisine transalpine contemporaine. C'est frais, goûteux et bien maîtrisé : de la belle ouvrage.

À LA CARTE...

Mange-tout d'artichaut violet, petits légumes, fruits croquants et fondants • Raviolis farcis à la burrata et à l'aubergine fumée • Baba flambé à la liqueur Strega

Menu 49 € (déjeuner), 90/120 € – Carte 86/151 €

149 boulevard St-Germain (1er étage)
www.mori.paris
TEL. 01 45 48 62 15
Ⓜ St-Germain des Prés

Fermé 5-19 août, dimanche

♿ A/C

Menu 75 € (déjeuner),
175/225 €

4 rue d'Assas
www.helenedarroze.com
TEL. 01 42 22 00 11
Ⓜ Sèvres Babylone

Fermé samedi, dimanche

Moderne · Contemporain

MARSAN
PAR HÉLÈNE DARROZE

Hélène Darroze a rouvert en 2019 son restaurant de la rue d'Assas. Le lieu est méconnaissable, totalement réinventé dans une veine cosy et élégante qui sied à merveille à cette cuisinière de grand talent. On retrouve bien entendu dans l'assiette ce qui fait la particularité de cette héritière d'une famille de cuisiniers du Sud-Ouest : la capacité à dénicher dans les terroirs de ces contrées (Aquitaine, Landes, Pays basque...) de quoi nourrir ses intentions culinaires, et la capacité à les mettre en valeur dans l'assiette. On y retrouve aussi la rigueur, l'insatiable curiosité, et ce mélange de talent et d'intuition qui fait toute la différence. Une franche réussite.

À LA CARTE...

Huître "perle blanche" comme une icône, velouté glacé de haricots, caviar Osciètre • Homard tandoori, mousseline de carottes aux agrumes • Framboises, oseille et huile d'olive

Michelin • Michelin

Créative · Tendance

QUINSOU

En face de la fameuse école Ferrandi chante un pinson (Quinsou en occitan), dont les suaves vocalises gastronomiques risquent fort d'influencer les grandes toques de demain. Le chef, ancien du Sergent Recruteur, s'appelle Antonin Bonnet. Dans un cadre moderne et brut (carreaux de ciment, ampoules nues), il propose une cuisine d'artisan épurée, délicate, sensible et sans futilité. Dans l'assiette gazouille le produit, d'excellente qualité. Œuf mollet, chou, vinaigrette au pralin ; pigeon, céleri-rave fumé au foin, radicchio et anchoïade... Menu unique pour cette belle table, animée par un chef passionné.

À LA CARTE...
Cuisine du marché

Menu 38 € (déjeuner), 75 €

33 rue de l'Abbé-Grégoire
TEL. 01 42 22 66 09
Ⓜ St-Placide

Fermé 29 avril-6 mai, 5-19 août, 21 décembre-6 janvier, lundi, mardi midi, dimanche

🏵

Classique · Élégant

RELAIS LOUIS XIII

Une table chargée d'histoire, bâtie sur les caves de l'ancien couvent des Grands-Augustins : c'est ici que, le 14 mai 1610, une heure après l'assassinat de son père Henri IV, Louis XIII apprit qu'il devrait désormais régner sur la France... La salle à manger semble se souvenir de ces grandes heures du passé : colombages, pierres apparentes, boiseries, vitraux et tentures, tout distille un charme d'autrefois, avec çà et là quelques éléments contemporains (cave vitrée, sculptures modernes).

Une atmosphère particulièrement propice à la découverte de la cuisine du chef, Manuel Martinez, tenante d'un noble classicisme culinaire. Après un joli parcours chez Ledoyen, au Crillon, à la Tour d'Argent, ce Meilleur Ouvrier de France a décidé de s'installer en ce Relais pour y perpétuer la tradition. Quoi de plus logique ? L'histoire continue donc et les habitués sont nombreux, plébiscitant notamment la formule déjeuner, d'un excellent rapport qualité-prix !

À LA CARTE...
Ravioli de homard et foie gras, crème de cèpes • Lièvre à la royale • Millefeuille, crème légère à la vanille de Tahiti

Menu 65 € (déjeuner), 95/145 € – Carte 95/135 €

8 rue des Grands-Augustins
www.relaislouis13.com
TEL. 01 43 26 75 96
Ⓜ Odéon

Fermé 1ᵉʳ-8 janvier, 1ᵉʳ-8 mai, 1ᵉʳ-31 août, lundi, dimanche

Relais Louis XIII • Virginie Rol/Relais Louis XIII

❀

Moderne · Intime

YOSHINORI

Le petit dernier du chef Yoshinori Morié (ex-Petit Verdot, Encore, L'Auberge du 15), loin de balbutier, étincelle ! Sis entre les murs d'un ancien restaurant italien entièrement transformé (pierres apparentes, poutres blanchies, boiseries japonisantes, éclairage design, lin blanc et porcelaine) nous régale d'une cuisine raffinée, végétale, esthétique, déclinée sous forme d'un menu de saison. Ainsi le tartare de veau de Corrèze, coques, choux fleur ; la lotte, lotus et champignons ou la ballotine de pigeon, cèpes, datte, carotte et combava... autant d'hymnes, non dissimulés, à l'élégance et à la gourmandise. Agréable formule du midi. Un coup de cœur.

À LA CARTE...
Cuisine du marché

Menu 45 € (déjeuner), 70/150 €

18 rue Grégoire-de-Tours
www.yoshinori-paris.com
TEL. 09 84 19 76 05
Ⓜ **Odéon**

Fermé 3-31 août,
24 décembre-4 janvier, lundi,
dimanche

Menu 48 € (déjeuner), 85/98 €

4 rue des Grands-Augustins
www.zekitchengalerie.fr
TEL. 01 44 32 00 32
Ⓜ **St-Michel**

**Fermé 27 juillet-21 août, samedi,
dimanche**

Créative · Contemporain

ZE KITCHEN GALERIE

Sous son nom hybride, Ze Kitchen Galerie joue sur les frontières entre art et cuisine. Dans des volumes épurés cohabitent mobilier et vaisselle design, tableaux colorés, autour d'une cuisine vitrée pour suivre en direct le spectacle de la brigade. Aux fourneaux, William Ledeuil donne libre cours à sa passion pour les saveurs de l'Asie du Sud-Est (Thaïlande, Vietnam) où il puise son inspiration. Galanga, ka-chaï, curcuma, wasabi, gingembre... Autant d'herbes, de racines, d'épices et de condiments du bout du monde qui relèvent avec brio les recettes classiques françaises. Sa carte – à base de poissons, bouillons, pâtes, plats à la plancha – décline ainsi une palette d'assiettes inventives, modernes et ciselées, pour un voyage entre saveurs et couleurs.

À LA CARTE...
Cuisine du marché

Méditerranéenne • Convivial

ESTTIA

Cette coquette table méditerranéenne aux murs vert canard et aux pierres grattées propose un épatant menu à cinq choix, dont on apprécie les saveurs fraîches et percutantes. À sa tête, on trouve une fratrie passionnée, Julia Patti en cuisine et son frère Antoine en salle, associés à Romain Gervasoni. Dans les assiettes, bar mariné au citron vert et condiment betterave, quasi de veau fermier et pulpe de petits pois et noisettes torréfiées... Avis aux amateurs : la petite table du chef se trouve au sous-sol, face a la cuisine. Victime de son succès (mérité), l'adresse ne désemplit pas : pensez à réserver.

À LA CARTE...
Raviole de tourteau, émulsion à la sambuca • Pavé de thon, combava et carottes acidulées • Paris-brest, praliné et romarin

Menu 22 € (déjeuner), 36 €

11 rue de la Grande-Chaumière
www.esttia.net
TEL. 01 72 60 43 63
Ⓜ Vavin

Fermé 10 juillet-8 septembre, lundi, dimanche

ⒶⒸ

Poissons et fruits de mer • Méditerranéen

LA MÉDITERRANÉE

Sur une élégante placette en face du théâtre de l'Europe, ce restaurant assume avec panache son héritage marin : joliment habillée d'un dessin de Cocteau, la façade bleu nuit évoque subtilement les profondeurs mystérieuses de "mare nostrum". Les trois salles à manger composent un décor agréable, très parisien avec ses fresques, et ensoleillé par une plaisante véranda. Sans surprise, la carte fait la part belle aux produits de la mer, préparés avec talent et exhibant sans complexe leur accent du Sud, autour de marinades d'huile d'olive, d'herbes parfumées et de saveurs safranées... Ne manque que le clapotis des vagues.

À LA CARTE...
Soupe de poisson • Cabillaud rôti au chorizo, purée de pomme de terre • Palet au chocolat

Menu 37 € – Carte 55/80 €

2 place de l'Odéon
www.la-mediterranee.com
TEL. 01 43 26 02 30
Ⓜ Odéon

ⒶⒸ ⬚ 🐾

Moderne · Bistro

LE TIMBRE

Ce charmant bistrot, grand comme un... timbre-poste, est le repaire de Charles Danet, jeune chef au parcours varié (Australie, Belgique...). On est immédiatement séduit par le charme des lieux – tables en bois, banquettes et ambiance à la bonne franquette –, et par la cuisine du chef, aussi originale que goûteuse. Ses assiettes parlent pour lui : fenouil confit, coques et chorizo ; quasi de veau, céleri fumé et jus à l'olive ; crémeux au chocolat noir et croustillant praliné... Quant à Agnès, sa compagne, elle assure le service avec gentillesse et attention, prodiguant même de précieux conseils en matière de vin.

À LA CARTE...
Bonite marinée, concombre et pomme • Pigeon, olives noires et betterave en croûte de sel • Pamplemousse, glace au basilic et crémeux à la bergamote

Menu 34 € (déjeuner), 37/59 €

3 rue Ste-Beuve
www.restaurantletimbre.com
TEL. 01 45 49 10 40
Ⓜ **Notre-Dame des Champs**

Fermé 1ᵉʳ-7 janvier, 28 juillet-30 août, lundi, mardi midi, mercredi midi, dimanche

🍴○

Traditionnelle · Bistro

ALLARD

On pénètre par la cuisine dans cette véritable institution, qui fait désormais partie du groupe Ducasse. Servis dans un décor 1900 pur jus, les plats hésitent entre registre bistrotier et plats canaille : escargots au beurre aux fines herbes, pâté en croûte, sole meunière, profiteroles...

Menu 34 € (déjeuner) – Carte 60/90 €

41 rue St-André-des-Arts
www.restaurant-allard.fr
TEL. 01 43 26 48 23
Ⓜ **St-Michel**

🍴○

Moderne · Bistro

AUX PRÉS

Un bistrot germanopratin ouvertement vintage (banquettes en cuir, miroirs fumés, papier peint floral) et une cuisine voyageuse signée Cyril Lignac, dont la créativité garde toujours un pied dans le(s) terroir(s) français.

Carte 50/90 €

27 rue du Dragon
www.restaurantauxpres.com
TEL. 01 45 48 29 68
Ⓜ **St-Germain des Prés**

🍴

Moderne • Bistro

LE BON SAINT-POURÇAIN

Planqué derrière l'église St-Sulpice, en plein cœur de St-Germain-des-Prés, cet ancien restaurant bougnat montre du soin et la passion. La cuisine du chef lorgne vers la tradition bistrotière revisitée : c'est tout simplement délicieux, sans doute grâce à l'utilisation exclusive de bons produits du marché. Réservez !

Carte 47/67 €

10 bis rue Servandoni
TEL. 01 42 01 78 24
Ⓜ Mabillon

Fermé 4-24 août, 24-4 décembre, lundi, dimanche

🈺

🍴

Moderne • Chic

BOUTARY

Voilà le lieu idéal pour s'initier ou parfaire sa connaissance sur le caviar (osciètre, sterlet et béluga). La famille qui a repris ce restaurant élève depuis plusieurs générations ses propres esturgeons en Bulgarie du sud. On y apprécie, dans un esprit chic, le travail d'un chef nippo-coréen au beau parcours, dont la cuisine joue subtilement de notes fumées et acidulées. Avec dégustation du caviar à la royale, sur le dos de la main.

Menu 36 € (déjeuner), 89 € – Carte 36/78 €

25 rue Mazarine
TEL. 01 43 43 69 10
Ⓜ Odéon

Fermé 10-23 août, lundi, samedi midi, dimanche

♿ AC 🈳

🍴

Poissons et fruits de mer • Chic

BRASSERIE LUTETIA Ⓝ

La nouvelle brasserie du célèbre hôtel Lutetia version Gérald Passédat a désormais l'accent du sud (aïoli des familles, bouillabaisse, daurade flambée au pastis etc.) Que les esthètes et les habitués se rassurent : l'atmosphère chic et décontractée perdure... tout comme les beaux plateaux de fruits de mer. Menu dégustation au Sea Bar, le soir. Véranda, mezzanine ou patio : choisissez votre table !

Menu 95 € – Carte 60/110 €

45 boulevard Raspail
www.hotellutecia.com
TEL. 01 49 54 46 92
Ⓜ Sèvres Babylone

🈺 ♿ AC 🈳

🍴

Bretonne • Contemporain

BREIZH CAFÉ - ODÉON

L'emplacement, déjà, est rêvé : un immeuble en pierre de taille à même le carrefour de l'Odéon. Voici la cadette des crêperies de Bertrand Larcher, ce Breton passé par le Japon avant de venir s'installer en France. Dans l'assiette, galettes et crêpes sont à la fête, à grand renfort de farine bio, produits artisanaux... sans oublier de bons cidres et sakés. Service continu de 11 heures à 23 heures.

Carte 26/52 €

1 rue de l'Odéon
https://breizhcafe.com/fr
TEL. 01 42 49 34 73
Ⓜ Odéon

🈺 ♿

Moderne • Convivial

DUPIN

L'Épi Dupin est devenu Dupin, François Pasteau a passé la main à Nathan Helo (venu de chez Rostang) mais la démarche écologique et locavore de la maison demeure inchangée : achat de fruits et légumes en Île-de-France, traitement des déchets organiques, eau filtrée sur place, etc. Un respect de la nature et du "bien-vivre" que l'on retrouve dans ses assiettes.

Menu 42/56 €

11 rue Dupin
www.epidupin.com
TEL. 01 42 22 64 56
Ⓜ Sèvres Babylone

Fermé 2-24 août, lundi, samedi, dimanche

Moderne • Contemporain

KGB

KGB pour Kitchen Galerie Bis. Il y règne le même esprit qu'à la maison mère, à mi-chemin entre galerie d'art et restaurant peu conventionnel. On s'y régale de "zors d'œuvres" – déclinaisons de hors-d'œuvre façon tapas –, de pâtes ou de plats cuisinés mêlant tradition hexagonale et assaisonnements asiatiques.

Menu 36 € (déjeuner), 55/66 €

25 rue des Grands-Augustins
www.zekitchengalerie.fr
TEL. 01 46 33 00 85
Ⓜ St-Michel

Fermé 4-12 janvier, 1ᵉʳ-23 août, lundi, dimanche

Classique • Historique

LAPÉROUSE

Rendez-vous mythique du Tout-Paris dès la fin du 19ᵉ s., le Laperouse a bénéficié d'une rénovation d'ampleur, sans y perdre son âme. Bois précieux, dorures et tentures ont été restaurés avec maestria ; la façade bleu cobalt et les salons privés n'ont rien perdu de leur charme. Une réussite !

Menu 75 € (déjeuner), 200 € – Carte 90/180 €

51 quai des Grands-Augustins
www.laperouse.com
TEL. 01 43 26 68 04
Ⓜ Saint-Michel

Fermé lundi, samedi midi, dimanche

Japonaise • Épuré

YEN

Un restaurant au décor très épuré pour amateurs de minimalisme zen. On s'y régale d'une cuisine japonaise soignée : sushi, tempura, soba, oursins et tofu à la gelée de soja, poulpe cuit aux haricots rouges... Mets authentiques et service rigoureux.

Menu 49 € (déjeuner), 60/120 € – Carte 40/90 €

22 rue St-Benoît
www.yen-paris.fr
TEL. 01 45 44 11 18
Ⓜ St-Germain-des-Prés

Fermé 2-17 août, dimanche

6ᵉ - ST-GERMAIN-DES-PRÉS • ODÉON • JARDIN DU LUXEMBOURG

7e

TOUR EIFFEL • ÉCOLE MILITAIRE • INVALIDES

Menu 175 € (déjeuner),
340/420 € – Carte 240/350 €

84 rue de Varenne
www.alain-passard.com
TEL. 01 47 05 09 06
Ⓜ Varenne

Fermé samedi, dimanche

✿✿✿

Créative • Élégant

ARPÈGE

"Le plus beau livre de cuisine a été écrit par la nature."
Ainsi parle Alain Passard. Son nom est associé aux
légumes – et, pour les connaisseurs, à une certaine
betterave en croûte de sel. Il a su avant tout le monde.
Un menu 100% légumes, pensez-vous ! Aujourd'hui, sa
philosophie verte s'invite à toutes les tables. Malgré
le succès, l'homme qui célèbre le fruit et la fleur ne
se sent jamais aussi bien que dans l'un de ses trois
potagers de l'Ouest de la France, où se conjuguent
les mains du cuisinier et du jardinier. Il va y cueillir
ses inspirations et explorer les possibilités culinaires
du légume, apportant toute sa noblesse à ce produit
d'ordinaire servi en accompagnement.

À LA CARTE...

Chaud-froid d'œuf au sirop d'érable, vinaigre de Xérès et
quatre épices • Jardinière arlequin et merguez végétale •
Tarte aux pommes bouquet de roses et caramel lacté

✿✿

Créative • Design

L'ATELIER DE JOËL ROBUCHON - ST-GERMAIN

Plongés dans une semi-pénombre étudiée, deux bars se répondent autour de la cuisine centrale où les plats sont élaborés sous le regard des hôtes, assis au comptoir sur de hauts tabourets. Une idée de "cantine chic", version occidentale du teppanyaki et des bars à sushis nippons, avec au menu une cuisine "personnalisable" (sous forme de petites portions et d'assiettes) ciselée avec une précision d'orfèvre et des ingrédients de choix. Caviar sur un œuf de poule mollet et friand au saumon fumé ; merlan frit Colbert avec un beurre aux herbes : près de 80 plats différents sont proposés à midi et le soir. Sans oublier les incontournables de la maison, ravioles de king crab, côtelettes d'agneau de lait et purée de pommes de terre Joël Robuchon... Un atelier des saveurs, un must du genre.

À LA CARTE...
Caviar sur un œuf de poule mollet et friand au saumon fumé • Côtelettes d'agneau de lait à la fleur de thym • Ganache onctueuse au chocolat araguani, glace au grué de cacao et biscuit Oreo

Menu 185 € – Carte 90/175 €

5 rue de Montalembert
www.joel-robuchon.net
TEL. 01 42 22 56 56
Ⓜ **Rue du Bac**

Menu 70 € (déjeuner),
170/250 €

29 rue Surcouf
www.davidtoutain.com
TEL. 01 45 50 11 10
Ⓜ Invalides

Fermé 3-21 août, samedi, dimanche

Créative • Contemporain

DAVID TOUTAIN

David Toutain, dont le nom est associé à de bien belles tables (Arpège, Agapé Substance...) a métamorphosé une rue discrète du quartier des ministères en carrefour de tendances. A travers sa cuisine d'auteur aux ambitions assumées, il propose une cartographie saisissante des goûts contemporains. On s'installe dans un cadre moderne, façon loft, mariant avec élégance les matériaux bruts (chêne, béton et verre) pour découvrir une partition inédite : inclinaisons végétales, légèreté et graphisme épuré. On sent le chef plein de fougue et de sagesse, parvenu à cet âge où l'équilibre intérieur permet d'assumer (et de canaliser !) sa créativité.

À LA CARTE...
Œuf, maïs et cumin • Anguille fumée et sésame noir • Chou-fleur, coco et chocolat blanc

Moderne · Élégant

SYLVESTRE

À 9 ans, Shahzad Wahid arrive du Pakistan sans connaître un mot de français : il devient Sylvestre. Il fait ses premiers pas auprès de Thierry Marx et d'Alain Ducasse, avant de s'installer à L'Oustau de Baumanière, où il accroche à son tablier deux étoiles... qu'il récupère en arrivant chez Thoumieux. Il oriente cuisine et décoration vers le végétal et le minéral. Salle à manger feutrée et cosy, lumière tamisée ; sur la table, le sel bleu de Perse, le rose de l'Himalaya, et le noir d'Hawaï dessinent les contours de l'évasion gastronomique. La démonstration peut commencer.
Sylvestre Wahid est un artiste inspiré – en témoigne le tourteau de Roscoff, avocat et caviar doré ; la betterave en croûte de sel, foie gras et truffe ou le ris de veau de lait, salsifis laqués au miso. Enfin s'achève la symphonie gourmande par des figues rôties au jus de sycomore, comme un adieu à l'été évanoui.

À LA CARTE...

Tourteau, avocat et caviar doré • Pigeon des Costières, cerise burlat et lentilles corail • Citron, laitue de mer et estragon

Menu 175/250 € –
Carte 170/280 €

79 rue St-Dominique (1er étage)
www.thoumieux.fr
TEL. 01 47 05 79 00
Ⓜ **La Tour Maubourg**

Fermé 1er-31 août, lundi, dimanche et le midi

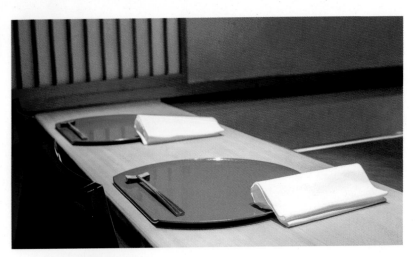

Menu 280 €

1 rue Pierre-Leroux
www.aida-paris.net
TEL. 01 43 06 14 18
◎ Vaneau

Fermé lundi et le midi

✿

Japonaise • Élégant

AIDA

La façade blanche de ce petit restaurant niché dans
une ruelle se fond si bien dans le paysage qu'on risque
de passer devant sans la remarquer. Grave erreur !
Derrière se cache un secret jalousement gardé, celui
d'une délicieuse table nippone. L'intérieur se révèle
élégant et sans superflu, à l'image des établissements
que l'on trouve au Japon. Au choix, attablez-vous
au comptoir (seulement neuf places) pour être aux
premières loges face aux grandes plaques de cuisson
(teppanyaki), ou dans le petit salon privé sobrement
aménagé avec son tatami.

Au gré d'un menu dégustation unique, vous
découvrirez une cuisine fine et pointue, tissant
de beaux liens entre le Japon et la France ; les
assaisonnements, les cuissons et les découpes ne font
que souligner l'ingrédient principal, servi dans sa plus
simple expression. Sashimis, homard de Bretagne,
chateaubriand ou ris de veau, cuits au teppanyaki,
s'accompagnent de bons vins de Bourgogne,
sélectionnés avec passion par le chef. Service très
attentif et prévenant.

À LA CARTE...
Sashimi • Teppanyaki • Wagashi

Moderne • Contemporain

AUGUSTE

Ambiance zen du côté des ministères ! La petite maison de Gaël Orieux – à peine une trentaine de couverts – offre un calme inattendu dans son élégant cadre contemporain, aux lignes faussement simplistes. L'ambiance se révèle feutrée et élégante, avec banquette sombre, miroirs, murs blancs sculptés et jolis fauteuils confortables...

Un espace chic et "classe" où l'on déguste une cuisine d'une sage modernité : huîtres creuses perles noires, gelée d'eau de mer, mousse de raifort, poire comice ; bar de ligne à la compotée de tomates, écume d'orange fleurée à la cannelle... La carte, courte mais très souvent renouvelée, séduit par sa variété et la qualité des produits. Gaël Orieux s'approvisionne au marché et a fait notamment le choix de ne servir que des poissons dont l'espèce n'est pas menacée (mulet noir, maigre, tacaud). Quant au choix de vins, il invite à d'agréables découvertes à prix étudiés.

À LA CARTE...

Huîtres creuses en gelée d'eau de mer, mousse raifort et poire comice • Ris de veau croustillant, cacahouètes caramélisées, girolles, abricot sec et vin jaune • Millefeuille parfumé à la fève tonka

Menu 39 € (déjeuner), 90 € – Carte 100/120 €

54 rue de Bourgogne
www.restaurantauguste.fr
TEL. 01 45 51 61 09
Ⓜ Varenne

Fermé 1ᵉʳ-23 août, samedi, dimanche

A/C

gael orieux/Auguste • gael orieux/Auguste

Menu 49 € (déjeuner),
130/240 € – Carte 108/130 €

41 rue de Lille
www.lesclimats.fr
TEL. 01 58 62 10 08
Ⓜ **Rue du Bac**

Fermé 1ᵉʳ-13 janvier, 2-25 août,
lundi, dimanche

Moderne · Chic

LES CLIMATS

Le restaurant est installé dans le cadre atypique de l'ancienne Maison des Dames des Postes, Télégraphes et Téléphones, qui hébergea à partir de 1905 les opératrices des PTT. L'intérieur, d'un style Art nouveau assumé, est somptueux. Mosaïque ancienne au sol, plafond dont les arches sont égayées de motifs fleuris, luminaires originaux en laiton, vitraux etc. Côté cuisine, une alliance raffinée et créative de recettes d'inspiration française. Et n'oublions pas les deux grandes caves vitrées, offrant l'une des plus riches sélections de vins de Bourgogne de France.

À LA CARTE...

Langoustines poêlées au beurre, mijoté de petit pois à la tagète et pamplemousse • Ris de veau braisé au citron confit, concombre à l'ail nouveau et éclats d'amandes • Soufflé à la Mandarine Impériale, mandarine à l'huile d'olive et en sorbet

Poissons et fruits de mer • Chic

DIVELLEC

Le célèbre restaurant de Jacques Le Divellec (de 1983 à 2013) est désormais tenu par Mathieu Pacaud. La thématique culinaire est toujours orientée vers le grand large, carte et menus, composés au gré de la marée, sacralisent de beaux produits iodés, comme avec cette sole meunière de petit bateau, beurre noisette ou le turbotin sauvage de Bretagne. Bien installé sur le pont, on profite de la jolie vue sur l'esplanade des Invalides. On a même récupéré une ancienne librairie pour agrandir le lieu et créer une salle d'inspiration jardin d'hiver : une respiration bienvenue.

À LA CARTE...

Calque de bar, bonbons de pomme verte et baies roses • Langouste bretonne au bois de réglisse, sauce vierge • Soufflé au chocolat grand cru

Menu 49 € (déjeuner), 90/210 € – Carte 92/175 €

18 rue Fabert
www.divellec-paris.fr
TEL. 01 45 51 91 96
Ⓜ **Invalides**

❀

Moderne • Épuré

ES

L'adresse de Takayuki Honjo, chef japonais adepte de cuisine et de culture françaises. Formé dans des maisons prestigieuses (Astrance à Paris, Quintessence à Tokyo, Mugaritz au Pays basque), il a pensé son restaurant dans les moindres détails : une salle blanche et très épurée, presque monacale, où le mobilier moderne ne cherche pas à attirer l'attention. Dans ce contexte, le repas s'apparente à une forme de cérémonie. Foie gras et oursins, ou pigeon et cacao : les associations détonnent, les saveurs se mêlent intimement. L'harmonie des compositions, toujours subtiles, rappellent avec talent les racines nippones du jeune homme.

À LA CARTE...
Cuisine du marché

Menu 55 € (déjeuner), 105 €

91 rue de Grenelle
www.es-restaurant.fr
TEL. 01 45 51 25 74
Ⓜ Solférino

Fermé 5-26 août, lundi, mardi midi, mercredi midi, jeudi midi, dimanche

A/C

✿

Moderne • Élégant

LE JULES VERNE

Frédéric Anton préside désormais aux destinées de ce restaurant emblématique, situé au second étage de la Tour Eiffel. Accessible par ascenseur privé, la salle culmine à 125 m du sol. La magie opère instantanément et l'assiette se révèle, elle aussi... à la hauteur. Excellents produits, cuisine fine et maîtrisée, carte des vins ébouriffante : ici, le détail est roi. On se régale par exemple d'une crème Dubarry, flan de jeunes poireaux et caviar, ou de la superbe volaille fermière cuite dans un bouillon au foie gras et sauce Albufera. Pensez à réserver très à l'avance votre table près des baies vitrées : la vue sur Paris à travers les poutrelles métalliques de la tour est tout simplement spectaculaire.

À LA CARTE...

Crème Dubarry, flan de jeunes poireaux, caviar, pain croustillant et cerfeuil • Langoustine en ravioli, crème de parmesan et fine gelée à la truffe • Biscuit moelleux au chocolat, crème au chocolat amer et sorbet au café torréfié

Menu 135 € (déjeuner), 190/230 €

Tour Eiffel - avenue Gustave Eiffel (ascenseur privé pilier sud)
www.lejulesverne-paris.com
TEL. 01 72 76 16 61
Ⓜ Bir-Hakeim

🐝 ⤝ ♿ A/C 🕯

Menu 45 € (déjeuner), 89/115 €

5 rue de Bourgogne
www.bernard-loiseau.com
TEL. 01 45 51 79 42
Ⓜ Assemblée Nationale

Fermé 4-25 août, lundi, dimanche

Créative • Élégant

LOISEAU RIVE GAUCHE

Cette institution du groupe Bernard Loiseau, installée rue de Bourgogne, à deux pas du Palais Bourbon, offre un décor élégant et cossu où les politiques adorent se retrouver – et ils ne sont pas les seuls ! Le nouveau chef franco-égyptien, ancien second du Shangri-La, révèle déjà une personnalité affirmée, autour d'une cuisine délicate, où les beaux produits se parent de notes végétales et florales, pour un résultat subtil et finement exécuté : citons, à titre d'exemple, l'huître n° 2 pochée carotte gingembre, le cabillaud, courgettes zéphyr et violon, ou la déclinaison autour de l'agneau du pays d'Oc. C'est maîtrisé, jusqu'au dessert bergamote citron, en accord avec la partition gastronomique. On en redemande.

À LA CARTE...
Cuisine du marché

Schaff/Loiseau rive Gauche • Romain Herlin/Loiseau rive Gauche

98

❀

Moderne • Intime

NAKATANI

Après dix années passées auprès d'Hélène Darroze, Shinsuke Nakatani préside aux destinées de cette table feutrée et reposante, habillée de douces couleurs et de matières naturelles. Avec un sens aigu de l'assaisonnement, des cuissons et de l'esthétique des plats, ce chef japonais pétri de talent compose une belle cuisine française au gré des saisons ; les saveurs et les textures s'entremêlent avec harmonie et de l'ensemble émane une cohérence certaine. On se régale d'un menu unique (3 ou 4 plats le midi, 6 le soir), servi par un personnel discret et efficace. Étant donné le nombre de places (16 couverts), il faudra penser à réserver à l'avance. Le menu unique change tous les deux mois.

Menu 68 € (déjeuner), 125/165 €

27 rue Pierre-Leroux
www.restaurant-nakatani.com
TEL. 01 47 34 94 14
Ⓜ **Vaneau**

Fermé 1ᵉʳ-12 août, lundi, dimanche

A/C

À LA CARTE...

Consommé de légumes • Bœuf Wagyu, girolles, pomme de terre de Noirmoutier, brocoletti, sarrasin et sauce au vin rouge • Biscuit vapeur aux courges, reine-claude et crème brûlée au thé

Menu 45 € (déjeuner),
105/165 € – Carte 115/180 €

29 rue de l'Exposition
www.restaurantpertinence.com
TEL. 01 45 55 20 96
Ⓜ École Militaire

Fermé 2 août-4 septembre, lundi,
mardi midi, dimanche

✿

Moderne • Design

PERTINENCE

C'est au restaurant Antoine, en 2011, que Ryunosuke Naito et Kwen Liew se sont rencontrés : lui, le Japonais formé dans quelques-unes des maisons les plus prestigieuses de la place parisienne (Taillevent, Meurice), elle la Malaisienne. C'est tout près du Champ-de-Mars qu'ils tiennent cette maison au cadre épuré – lattes de bois clair et chaises Knoll –, tout en pudeur, intimiste et chaleureuse, bref : à leur image. Aux fourneaux, ils composent à quatre mains une cuisine du marché aux saveurs intenses, offrant au passage un délicieux lifting à la tradition française. Leur talent ne fait décidément aucun doute.

À LA CARTE...
Cuisine du marché

Moderne • Convivial

TOMY & CO

À deux pas de la rue Saint-Dominique, cette adresse porte l'empreinte de Tomy Gousset, jeune chef d'origine cambodgienne, qui trace sa route sans complexes, et avec le sourire. Le garçon, venu sur le tard à la cuisine (à 23 ans), se perfectionne au Meurice, chez Taillevent et Boulud à New York. Il invente aujourd'hui une partition gastro-bistrot ancrée dans son temps, et place son "karma" (selon ses mots) au service du goût et du produit, avec une vraie démarche locavore – il travaille les légumes de son potager, situé à Courances, dans l'Essonne. Son crédo ? "Simplicité et sophistication", ce qui se traduit dans notre jargon par : "On se régale."

À LA CARTE...

Tartelette de langue de bœuf, navet en pickles et sauce gribiche • Filet de canette Apicius, blette et figue rôties, pommes dauphine • Ossau-Iraty, confiture de cerise noire et piment fumé

Menu 50/75 €

22 rue Surcouf
www.tomygousset.com
TEL. 01 45 51 46 93
Ⓜ **Invalides**

Fermé 1ᵉʳ-30 août, samedi, dimanche

A/C

Georges Rouzeau/Michelin

Menu 55 € (déjeuner),
140 € – Carte 90/105 €

135 rue St-Dominique
www.maisonconstant.com
TEL. 01 45 55 15 05
Ⓜ École Militaire

Traditionnelle • Contemporain

LE VIOLON D'INGRES

Le changement (et la qualité) dans la continuité : Christian Constant a revendu son Violon d'Ingres à Bertrand Bluy, originaire également du Sud-Ouest (du Lot-et-Garonne), déjà propriétaire des Papilles (Paris 5). Que les aficionados se rassurent, l'esprit des lieux, façon néobrasserie de luxe, et la cuisine demeurent inchangés. On y déguste de savoureuses recettes traditionnelles – où le Sud-Ouest tient une bonne place –, d'une belle maîtrise technique, mais joliment modernisées et toujours concoctées à base de produits de grande qualité ; ce jour-là, une gelée d'araignée de mer, crémeux de tourteaux à l'infusion d'herbes, ou une appétissante pièce d'entrecôte de bœuf cuite à la plancha. Un détail : pensez à réserver, c'est souvent complet.

À LA CARTE...
Fine gelée d'araignée de mer, crémeux de tourteau à l'infusion d'herbes • Suprême de bar croustillant aux amandes, jus acidulé aux câpres et au citron • Soufflé chaud au Grand Marnier

Moderne • Bistro

AU BON ACCUEIL

À deux pas de la tour Eiffel, ce bistrot gastronomique a plus d'un(e) tour dans son sac pour conquérir le cœur du public. Sous les auspices de la grande dame, on se réfugie avec bonheur dans sa salle à l'élégance discrète, pour s'enivrer de saveurs nettes et simples, habilement mises en valeur. Le marché et les produits de qualité dictent chaque jour les intitulés du menu : croustillant de tête de veau, vinaigrette d'huître ; quasi de veau rôti, gâteau de polenta ; baba au vieux rhum agricole, sirop d'épices et crème légère.

À LA CARTE...

Poulpe, écrasé de pomme de terre, aïoli • Carré de porcelet rôti, lentilles vertes, romanesco et sauce à la moutarde • Éclair, mascarpone et pêches compotées

Menu 37/58 € – Carte 65/85 €

14 rue de Monttessuy
www.aubonaccueilparis.com
TEL. 01 47 05 46 11
Ⓜ Alma Marceau

Fermé 1er-23 août, samedi, dimanche

A/C

Classique • Élégant

CHEZ LES ANGES

Manger au paradis, cela vous tente ? La salle profite pleinement de la lumière du jour grâce à ses larges baies vitrées, et l'on peut s'attabler autour d'un grand comptoir central... Côté déco, esprit contemporain oblige, des vitrines habillent les murs et abritent de bien jolis nectars honorant toutes les régions viticoles françaises. La cuisine est juste et sincère, variant en fonction du marché : langoustines, cheveux d'ange et rémoulade de céleri rave, ou encore sole de St-Gilles-Croix-de-Vie meunière et volaille de Bresse... Et en accompagnement, une belle carte de vins et whiskys.

À LA CARTE...

Gaspacho de tomate, cervelle de canut et framboises • Quasi de veau rôti, purée de chou-fleur et jus de viande • Tarte au chocolat noir, glace vanille

Menu 37/58 € – Carte 60/85 €

54 boulevard de la Tour-Maubourg
www.chezlesanges.com
TEL. 01 47 05 89 86
Ⓜ La Tour Maubourg

Fermé 12-31 août, samedi, dimanche

🕸 A/C 🍽 🛋

Traditionnelle • Convivial

LES COCOTTES - TOUR EIFFEL

Le concept ? Des cocottes, toujours des cocottes. Version Staub, en fonte gris anthracite, servies dans un décor à part : ni resto ni bistrot, le lieu s'organise autour d'un comptoir tout en longueur, avec ses tabourets haut perchés. L'affiche est alléchante : terrine de campagne, daube de joues de bœuf aux carottes fondantes, cocotte de poulet fermier des Landes au vinaigre, jambon basque de chez Louis Ospital, baba au vieux rhum et crème chantilly... Le tout cuisiné par Philippe Tredgeu, ancien chef de l'Entredgeu. Amateurs de plats mijotés, réservez.

À LA CARTE...
La vraie salade "César Ritz" • Pommes de terre caramélisées farcies au pied de porc • Fabuleuse tarte au chocolat

Menu 30 € (déjeuner), 37 € – Carte 36/60 €

135 rue St-Dominique
www.lescocottes.paris
TEL. 01 45 50 10 28
Ⓜ École Militaire

Basque • Convivial

POTTOKA

Drôle de nom au cœur du très classique 7ᵉ arrondissement... Originellement, Pottoka est l'emblème de l'Aviron bayonnais – le club de rugby, comme son nom ne l'indique pas –, une sympathique mascotte à mi-chemin entre Footix et Petit Poney ! Depuis quelques années, c'est aussi le nom de ce bistrot basque pelotonné au cœur du quartier des ministères. Jambon de Bayonne, chorizo, piment d'Espelette, ossau-iraty, gâteau basque, etc. : essai transformé sur toute la ligne pour une cuisine généreuse, colorée et bien tournée, qui fait galoper jusqu'à la frontière espagnole bien plus vite qu'un TGV. À s'en effilocher les espadrilles !

À LA CARTE...
Tartare de bar, citron confit, sablé parmesan et mousse yuzu • Merlu, coques au bouillon de chorizo et mousseline de petits pois • Pavlova aux fruits rouges, crémeux chocolat blanc-tonka, sorbet fraise

Menu 28 € (déjeuner), 37/65 €

4 rue de l'Exposition
www.pottoka.fr
TEL. 01 45 51 88 38
Ⓜ École Militaire

Fermé 24 juillet-21 août, 23-27 décembre

¶O

Moderne • Convivial

ARNAUD NICOLAS

Un charcutier sachant cuisiner ne court pas les rues, et surtout pas celles de ce secteur résidentiel du 7ᵉ arrondissement (à deux pas de la Tour Eiffel, tout de même) ! Présent au Boudoir, sa première affaire, le chef patron s'approprie pâté en croûte et terrine, pour imaginer une haute couture charcutière. À déguster dans un cadre sobre et élégant. À l'entrée du restaurant, un coin boutique permet de prolonger l'expérience culinaire.

Menu 35 € (déjeuner), 62 € –
Carte 47/68 €

46 avenue de la Bourdonnais
www.arnaudnicolas.paris
TEL. 01 45 55 59 59
Ⓜ **École Militaire**

Fermé lundi midi, dimanche

¶O

Moderne • Brasserie

BRASSERIE THOUMIEUX BY SYLVESTRE

Banquettes rouges et miroirs, actrices et hommes du monde : cette brasserie de 1923 marie Belle Époque et actualité, plats de brasserie réinterprétés (os à moelle et pain grillé ; tartare de bœuf etc.) et préparations dans l'air du temps (cœur de saumon bio ; cabillaud cuit à la vapeur douce d'algues). Bien joué.

Menu 35 € (déjeuner) – Carte 45/85 €

79 rue St-Dominique
TEL. 01 47 05 79 00
Ⓜ **La Tour Maubourg**

Traditionnelle • Classique

20 EIFFEL

Le cadre a beau être sobre, l'emplacement est imprenable. À deux pas de la Tour Eiffel, mais à l'écart des autoroutes touristiques, ce restaurant propose une cuisine au goût du jour enlevée, exécutée à quatre mains par Pascal Toulza et Mustapha Rednaoui. On se régale par exemple de la terrine de lapin en croûte et son jus de betterave acidulé ; de la cuisse de canard confite, et sa sauce au persil ; ou du filet de bœuf cuit au feu de bois et pommes dauphine. En dessert, soufflé aux myrtilles ou meringue surprise aux fraises, sorbet et mousse légère à la violette ? Une adresse bienvenue au cœur du 7ᵉ arrondissement.

À LA CARTE...
Galette de pieds de porc • Suprême de pintade à la verveine, polenta aux herbes • Soufflé au Grand Marnier

Menu 34 € – Carte 50/65 €

20 rue de Monttessuy
www.restaurant20eiffel.fr
TEL. 01 47 05 14 20
Ⓜ **Alma Marceau**

Fermé 2-13 janvier, 10-18 mai, 22 août-
8 septembre, lundi, dimanche

¶○

Traditionnelle · Bistro

CAFÉ CONSTANT

Ce petit bistrot d'angle sans prétention a converti la simplicité en maître mot. Le décor, brut de décoffrage, ne verse pas dans l'épate. Sur l'ardoise, on trouve de goûteux plats de bistrot, une cuisine canaille élaborée selon le marché : terrine de campagne, volaille fermière, Paris-Brest... Service non-stop dès le petit-déjeuner.

Menu 27/37 € – Carte 39/55 €

139 rue St-Dominique
www.maisonconstant.com
TEL. 01 47 53 73 34
Ⓜ École Militaire

A/C

¶○

Moderne · Convivial

CLOVER GREEN

Une mini-salle sobre et épurée, au fond de laquelle trois cuisiniers s'agitent aux fourneaux : bienvenue dans l'adresse de poche et "100% green" de Jean-François Piège, en plein cœur de St-Germain-des-Prés. Les menus mettent joliment en avant les légumes de saison. Réservation indispensable.

Menu 37 € (déjeuner), 58/68 €

5 rue Perronet
www.clover-paris.com
TEL. 01 75 50 00 05
Ⓜ St-Germain-des-Prés

Fermé 10-29 août, lundi, dimanche

¶○

Moderne · Chic

GAYA PAR PIERRE GAGNAIRE Ⓝ

En lieu et place de la Ferme Saint-Simon (une institution datant de 1933), Gaya par Pierre Gagnaire propose une cuisine actuelle orientée poissons (tartare de thon rouge, bœuf et anguille fumée, aile de raie meunière) mais pas seulement, à découvrir dans un restaurant au cadre élégant de brasserie chic.

Menu 49 € (déjeuner), 80 € – Carte 65/125 €

6 rue de Saint-Simon
www.pierre-gagnaire.com
TEL. 01 45 44 73 73
Ⓜ Rue du Bac

Fermé 2-25 août, lundi, dimanche

🕸 ♿ A/C 🏛 📋

¶○

Moderne · Simple

LE GENTIL Ⓝ

Cette nouvelle table de la gourmande rue Surcouf, ouverte par le chef japonais Fumitoshi Kumagai, épaulé de son épouse japonaise en salle, propose une cuisine française actuelle agrémentée de quelques touches asiatiques ; pieds de porc farcis avec chou pak choi, faux-filet de bœuf à la sauce japonaise...Les produits, de qualité, sont travaillés avec soin et subtilité.

Menu 23 € (déjeuner) – Carte 43/53 €

26 rue Surcouf
TEL. 09 52 27 01 36
Ⓜ Invalides

Fermé samedi, dimanche

🍴⃝

Moderne • Cosy

L'INCONNU

Le chef, longtemps second au Passage 53, compose une cuisine d'inspiration italienne aux touches hexagonales, avec des clins d'œil au Japon, sa terre natale. Il ne travaille que de beaux produits et en tire une cuisine inédite et créative, ainsi ces queues de langoustines bretonnes surmontées d'une émulsion au cidre et citron confit...

Menu 30 € (déjeuner), 85 €

4 rue Pierre-Leroux
www.restaurant-linconnu.fr
TEL. 01 53 69 06 03
Ⓜ Vanneau

━━━━━━━━━

🍴⃝

Italienne • Trattoria

PIERO TT Ⓝ

Bienvenue dans la trattoria italienne griffée Pierre Gagnaire. Fort de son succès aux Airelles (Courchevel) autour de la même formule, le grand chef propose une cuisine italienne, mise en scène par le jeune chef Ivan Ferrara (passé par le triple étoilé de la rue de Balzac, et l'Enoteca Pinchiorri, trois étoiles de Florence). En salle, Michele et Gianluca proposent pasta et produits rigoureusement sélectionnés dans une atmosphère chic et décontractée. Réservation très conseillée.

Carte 35/90 €

44 rue du Bac
www.restaurantpiero.com
TEL. 01 43 20 00 40
Ⓜ Rue du Bac

Fermé lundi, dimanche

A/C

🍴⃝

Moderne • Branché

RACINES DES PRÉS

Cette adresse du cœur de Saint-Germain-des-Prés ne désemplit pas, et pour cause, tout y est à sa place : cuisine-comptoir, ambiance vintage décontractée, plats de bistrot bien tournés, à l'image de cet œuf parfait aux champignons de paris et noisettes. Le tout accompagné de vins choisis, issus de petites cuvées de vignerons. Un coup de maître – et de cœur.

Menu 36 € (déjeuner), 70 € –
Carte 57/70 €

1 rue de Gribeauval
www.racinesdespres.com
TEL. 01 45 48 14 16
Ⓜ Rue du Bac

Fermé 24 décembre-4 janvier, samedi midi, dimanche

━━━━━━━━━

🍴⃝

Thaïlandaise • Élégant

THIOU

En face du dôme des Invalides, Apiradee Thirakomen ("Thiou" est son surnom) vous emmène dans une virée gourmande : direction la Thaïlande ! La cuisine est goûteuse et préparée avec de bons produits frais : ravioles de crevettes, phad thaï, ou encore le mystérieux – et vorace – "tigre qui pleure"... Un vrai bonheur.

Menu 29 € (déjeuner), 52 € –
Carte 53/91 €

94 boulevard de la Tour-Maubourg
www.restaurant-thiou.fr
TEL. 01 76 21 78 84
Ⓜ La Tour Maubourg

Fermé 12-18 août, samedi midi, dimanche soir

 A/C

8ᵉ

CHAMPS-ÉLYSÉES •
CONCORDE •
MADELEINE

❀❀❀

Créative • Luxe

ALAIN DUCASSE
AU PLAZA ATHÉNÉE

Sur l'impulsion énergique et créatrice d'Alain Ducasse, le célèbre restaurant du Plaza Athénée, avenue Montaigne, est devenu l'épicentre de la "naturalité", dont la genèse provient d'une réflexion sur l'état de la planète. La terre possède des ressources rares : il faut la consommer plus éthiquement et équitablement. Cette gastronomie privilégie donc logiquement la trilogie "poissons, légumes, céréales". Ici, tout est juste et parfait : du cadre classique (moulures, dorures) revu avec légèreté par Jouin-Manku et métamorphosé en écrin glorieux pour une cuisine brute, aux produits irréprochables (sans sucre ni matière grasse, ou presque), au service remarquable, orchestré par Denis Courtiade, pour qui la transmission est un impératif trop longtemps négligé. Une expérience unique, qui dépasse le simple univers gastronomique.

À LA CARTE...

Pois chiche des Hautes-Alpes, caviar doré • Homard de Normandie, radis et cresson de fontaine, herbes pilées • Citron niçois, algues kombu à l'estragon

Menu 210 € (déjeuner), 395 € – Carte 250/395 €

25 avenue Montaigne
www.alain-ducasse.com
TEL. 01 53 67 65 00
Ⓜ Alma Marceau

Fermé 24 juillet-30 août, 19-30 décembre, lundi midi, mardi midi, mercredi midi, samedi, dimanche

✿✿✿

Moderne • Luxe

ALLÉNO PARIS AU PAVILLON LEDOYEN

Cette prestigieuse institution parisienne, installée dans un élégant pavillon des jardins des Champs-Élysées, incarne l'image même du grand restaurant à la française : le luxe du décor, la culture des arts de la table, le service orchestré avec élégance, tout dessine un écrin unique à la gloire de la gastronomie. De vastes baies vitrées ouvrent sur les Champs-Élysées. Le chef Yannick Alléno réalise un véritable tour de force en imprimant d'emblée sa signature. Sa cuisine est éblouissante et technique, avec une mention spéciale pour les jus et les sauces (ce que le chef appelle "le verbe de la cuisine française"), magnifiés à travers de savantes extractions : ou comment l'avant-garde se met au service de la grande tradition culinaire française.

À LA CARTE...

Tarte de langoustine aux grains de caviar • Feuille à feuille de bœuf Wagyu aux gros Paris • Extraction de sapin en gelée glacée au café et éclats de cristalline épicés

Menu 380/450 € –
Carte 210/350 €

8 avenue Dutuit (carré Champs-Élysées)
www.yannick-alleno.com
TEL. 01 53 05 10 00
Ⓜ Champs-Élysées Clemenceau

Fermé lundi midi, mardi, mercredi, samedi midi, dimanche midi

Menu 150 € (déjeuner),
390 € – Carte 210/365 €

31 avenue George-V
www.restaurant-lecinq.com
TEL. 01 49 52 71 54
Ⓜ **George V**

Fermé lundi, dimanche

✿✿✿

Moderne • Luxe

LE CINQ

Quel style, quel luxe opulent, entre colonnes altières, moulures, ou hautes gerbes de fleurs, sans oublier la douce lumière provenant du jardin intérieur... Difficile de garder les yeux dans l'assiette. Ce serait dommage : formé dans de prestigieuses maisons parisiennes (Lucas Carton, Taillevent, Le Ritz), Christian Le Squer y fait des merveilles. "Je porte la tradition vers la modernité, explique-t-il souvent. Comme chez Chanel : le tailleur a été créé, et ensuite, il a suivi l'évolution de la mode." De sa Bretagne natale, le chef a conservé avant tout le goût du large – signant de superbes hommages au poisson – mais aussi celui de la terre. Bilan : un superbe carpaccio de langoustines, agrumes et avocat, ou encore une inoubliable lotte rôtie au beurre noisette, aubergine à la flamme, fromage de brebis et tomates confites...

À LA CARTE...
Langoustines bretonnes raidies, mayonnaise tiède et galettes de sarrasin croquantes • Bar de ligne, caviar et lait ribot de mon enfance • Givré laitier au goût de levure

✿✿✿

Moderne • Luxe

ÉPICURE

Le Bristol est un monde à part, un univers de luxe absolu, de suites en spa, du superbe jardin français à la piscine sur les toits, jusqu'à cette salle à manger d'un classicisme brillant : mobilier de style Louis XVI, miroirs, grandes portes-fenêtres ouvertes sur la verdure... Le palace a choisi le nom d'Épicure pour enseigne : un philosophe grec, chantre du plaisir dans la tempérance. Une devise qui convient parfaitement à Éric Frechon, le chef : "Mon grand-père cultivait des légumes, mon père les vendait, moi, je les cuisine." Produits superbes, technique irréprochable : il fait des merveilles dans un style traditionnel assumé, sans rien laisser au hasard. En 2019, il fêtait ses vingt ans de présence au Bristol, dont dix avec trois étoiles : tout un symbole.

Menu 155 € (déjeuner),
380 € – Carte 165/330 €

112 rue du Faubourg-Saint-Honoré
www.oetkercollection.com/fr/
hotels/le-bristol-paris/
TEL. 01 53 43 43 40
Ⓜ Miromesnil

À LA CARTE...

Macaronis farcis, truffe noire, artichaut et foie gras gratinés au vieux parmesan • Merlan de ligne en croûte de pain de mie aux amandes, tétragone à l'huile de curry • Citron de Menton givré au limoncello et citron confit aux saveurs de pêche blanche et verveine

**Menu 98 € (déjeuner), 325 € –
Carte 360/420 €**

**6 rue Balzac
www.pierregagnaire.com
TEL. 01 58 36 12 50
Ⓜ George V**

**Fermé 1ᵉʳ-13 janvier, 1ᵉʳ-24 mai,
8 août-1ᵉʳ septembre, samedi,
dimanche**

✿✿✿
Créative • Élégant

PIERRE GAGNAIRE

Pierre Gagnaire est l'asticoteur en chef de la cuisine française. Jonglant d'une adresse à l'autre, entre Paris, Londres, Tokyo ou Hong Kong, celui qui a été sacré meilleur chef du monde par ses pairs en 2015 réalise une cuisine d'auteur exploratrice, entière, excessive. Ce grand amateur de jazz et d'art contemporain cherche sans relâche. Le Balzac, trois étoiles depuis 1996, est à l'image de son hôte : moderne et sobre, jouant la note du raffinement discret, ton sur ton avec le service, attentionné et délicat. Les assiettes aussi, poétiques et en réinvention permanente, petites portions "satellites" mises en orbite par le chef, si bien qu'il est impossible de citer un plat emblématique, ou même une qualité principale. Si ce n'est l'excellence.

À LA CARTE...
Parfums de terre • Canard au chocolat • Le grand dessert

🏵️🏵️

Japonaise • Design

L'ABYSSE AU PAVILLON LEDOYEN

Un maître sushi, des produits d'une remarquable qualité (poissons ikejime de l'Atlantique) et la patte créative de Yannick Alléno... Le programme est alléchant. La salle, épurée, fait la part belle aux artistes contemporains – de l'installation de milliers de baguettes en bois par Tadashi Kawamata, street artist japonais, aux pans de murs de céramiques, imaginés par l'Américain William Coggin. Ajoutons à cela le service tiré à quatre épingles d'une grande maison, un somptueux livre de cave riche de sakés recherchés et douze places au comptoir en bois blond, pour se trouver au cœur de l'action. Détonant !

À LA CARTE...
Collection de sushis nigiris • Bara-chirashi de poissons nobles aux condiments et bouillon minéralisé • Tempura moderne de shiso et perles au céleri

Menu 98 € (déjeuner), 150/280 €

8 avenue Dutuit (carré Champs-Elysées)
www.yannick-alleno.com
TEL. 01 53 05 10 00
Ⓜ Champs-Élysées-Clemenceau
Fermé samedi, dimanche

Menu 49 € (déjeuner),
99/225 € – Carte 100/210 €

**133 avenue des Champs-Élysées
(Publicis Drugstore niveau -1)
www.joel-robuchon.com
TEL. 01 47 23 75 75
Ⓜ Charles de Gaulle-Étoile**

✤ ✤

Créative • Design

L'ATELIER DE JOËL ROBUCHON - ÉTOILE

Avec deux pieds dans la capitale française, les célèbres Ateliers du regretté Joël Robuchon font, au sens propre, le tour du monde. Beau symbole, cet opus est né à deux pas de l'Arc de Triomphe, au niveau - 1 du Publicis Drugstore des Champs-Élysées. Un décor tout en rouge et noir ; un grand comptoir autour duquel on prend place sur de hauts tabourets, face à la brigade à l'œuvre ; une ambiance feutrée, quasi religieuse... L'enseigne incarne une approche contemporaine de la haute cuisine. Sans se départir de la plus grande exigence, la carte laisse au client le choix entre petites portions dégustation ou portions normales. Enfin, le petit plus qui plaira aux œnophiles les plus exigeants : tous les vins au verre sont servis au magnum. La grande classe.

À LA CARTE...

Langoustine en ravioli truffé à l'étuvée de chou vert • Côtelettes d'agneau de lait à la fleur de thym • Chocolat tendance, crémeux onctueux au chocolat araguani, sorbet cacao et biscuit Oréo

✿✿

Moderne • Luxe

LE CLARENCE

Avec la fougue et le talent qu'on lui connaît, Christophe Pelé a investi ce somptueux hôtel particulier de 1884 situé à proximité des Champs-Élysées, un arrondissement que connaît bien le chef pour avoir officié chez Ledoyen, Lasserre, Pierre Gagnaire, ou au Bristol. Aux fourneaux, ça swingue. Cet artiste de l'association terre et mer propose une cuisine personnelle, aux saveurs franches et marquées, qui répond toujours à la promesse de l'annonce du plat. Le menu surprise avec son concept d'assiettes "satellites" qui s'ajoutent à la préparation principale s'avère judicieux. Quant à la carte des vins, elle donne le vertige (demandez à visiter la belle cave voûtée qui abrite les grands crus). Une expérience mémorable.

À LA CARTE...
Cuisine du marché

Menu 90 € (déjeuner), 130/320 €

31 avenue Franklin-D.-Roosevelt
www.le-clarence.paris
TEL. 01 82 82 10 10
Ⓜ Franklin-D.-Roosevelt

Fermé 2-25 août,
30 décembre-7 janvier, lundi,
mardi midi, dimanche

🍇 🦽 🅰🅲

Le Clarence • Nicolas Léser/Le Clarence

Menu 95 € (déjeuner),
215/295 € – Carte 208/280 €

42 avenue Gabriel
www.lareserve-paris.com
TEL. 01 58 36 60 50
Champs-Élysées Clemenceau

Fermé samedi midi

❀ 🍴 ♿ A/C 🚭

❀ ❀

Moderne • Élégant

LE GABRIEL

À deux pas des Champs-Élysées, ce restaurant est installé dans le décor élégant et luxueux de la Réserve, un ancien hôtel particulier du 19ᵉ s. Habitué des grandes maisons parisiennes, Jérôme Banctel éblouit avec une cuisine aussi solide techniquement que franche au niveau des saveurs. Il élabore ses assiettes avec de superbes produits, ne s'éloignant jamais de ses solides bases classiques, et sait porter le regard au-delà si cela se justifie – on trouvera, par exemple, ici et là, des touches asiatiques savamment dosées. Un coup de cœur particulier ? Avouons un faible pour ce cœur d'artichaut Macau en impression de fleur de cerisier et coriandre fraîche, un plat succulent, parfaitement maîtrisé...

À LA CARTE...

Artichaut de Macau en impression de fleur de cerisier et coriandre fraîche • Pigeon de Racan mariné au cacao et sarrasin croustillant • Calisson, crémeux citron vert et amandes caramélisées

※※

Moderne · Élégant

LE GRAND RESTAURANT - JEAN-FRANÇOIS PIÈGE

Bienvenue dans le "laboratoire de grande cuisine" de Jean-François Piège : une salle minuscule – 25 couverts maximum – surplombée d'une verrière en angles et en reflets, où le chef exprime toute l'étendue de son expérience et de son savoir-faire. C'est bien connu, il n'est rien de plus compliqué que de faire simple ! Le blanc-manger, dessert phare du chef Piège, en est un exemple éclatant : cette île flottante inversée, d'une grande légèreté, dissimule en son cœur une savoureuse crème anglaise à la vanille. Loin des caméras de télévision, maître dans cet endroit qu'il a rêvé puis conçu, Jean-François Piège montre sa capacité à créer, d'un geste, l'émotion culinaire, sans jamais donner dans la démonstration. Voilà amplement de quoi traverser la Seine pour aller le trouver dans "sa" maison.

Menu 116 € (déjeuner), 306/706 € – Carte 205/276 €

7 rue d'Aguesseau
www.jeanfrancoispiege.com
TEL. 01 53 05 00 00
Ⓜ Madeleine

Fermé 10-24 août, samedi, dimanche

⅋⅋ ⅙ A/C

À LA CARTE...

Caviar maturé au coin du feu, laitue de mer betterave, bouillon de poule • Ris de veau grilloté sur coques de noix, réduction de truffe macérée au vin de noix • Le grand dessert

Menu 75 € (déjeuner), 195 € –
Carte 135/190 €

32 avenue Matignon
www.la-scene.paris
TEL. 01 42 65 05 61
Ⓜ Miromesnil

Fermé 8-30 août, samedi,
dimanche

✿ ✿

Moderne · Élégant

LA SCÈNE

"Désacraliser la grande cuisine" : voici l'objectif avoué de Stéphanie Le Quellec, qui signe un tonitruant retour avenue de Matignon, dans le 8ᵉ arrondissement. Enfin chez elle, engagée corps et âme dans ce projet, elle délivre une partition en tout point formidable : assiettes simples en apparence mais pensées dans les moindres détails (magnifiques langoustines au sarrasin et blanc-manger des pinces), saveurs nettes et franches... On retrouve à la carte certains de ses plats signature, et l'on profite aussi de desserts de haute volée. Le tout est mis en œuvre par une équipe au diapason, des cuisines à la salle, jusqu'au service attentif et convivial. Un bonheur, tout simplement.

À LA CARTE...

Caviar Osciètre, pain mi-perdu mi-soufflé, pomme pompadour • Ris de veau laqué d'une harissa, chou-fleur rôti • Vanille du moment

Benoit Linero/La Scène • Benoit Linero/La Scène

#durable

METRO S'ENGAGE

À ACCOMPAGNER LES PROFESSIONNELS
DE LA RESTAURATION DANS
LEUR TRANSITION AU DURABLE

METRO.fr

MON RESTAURANT
PASSE AU DURABLE
AVEC **METRO**

METRO
VOTRE SUCCÈS EST NOTRE MÉTIER

RCS Nanterre B 399 315 613

#local

METRO S'ENGAGE

À PROPOSER AUX RESTAURATEURS TOUJOURS PLUS DE PRODUITS LOCAUX

plus de 10 000 produits locaux disponibles
provenant de 1 300 producteurs

METRO.fr

METRO

VOTRE SUCCÈS EST NOTRE MÉTIER

Classique • Luxe

LE TAILLEVENT

L'établissement, summum de classicisme à la française, est désormais propriété de la famille Gardinier (Les Crayères à Reims). L'ancien hôtel particulier du duc de Morny (19e s.), classique, feutré et propice aux repas d'affaires, est parsemé d'œuvres d'art contemporain. Nouveauté : l'institution rajeunit, avec deux nouvelles arrivées, en salle et en cuisine.

Installez-vous sous les moulures et boiseries blondes. Dans l'assiette, poireaux en croûte de sel truffé, mimosa de cèpes, essence sauvage poivrée ; langoustine à la nage, tartare d'algues, crémeux iodé, consommé ; rouget barbet confit, concentré torréfié, butternut, foie gras... Enfin, cerise sur le gâteau : les caves, pléthoriques en vins rares, qui comptent, avec celle de la Tour d'Argent, parmi les plus belles de la capitale, et de jolies bouteilles à des prix séduisants.

À LA CARTE...

Langoustine royale aux écorces d'agrumes et crémeux iodé au beurre salé • Rouget barbet confit, concentré torréfié, coco de Paimpol et foie gras • Dame blanche à la vanille de Tahiti, chocolat de Madagascar et marjolaine

Menu 90 € (déjeuner), 220/275 € – Carte 150/260 €

15 rue Lamennais
www.letaillevent.com
TEL. 01 44 95 15 01
◉ Charles de Gaulle-Étoile

Fermé 25 juillet-25 août, samedi, dimanche

 Arnaud Meyer/Le Taillevent • Thibault Ruggieri/Le Taillevent

 8e - CHAMPS-ÉLYSÉES • CONCORDE • MADELEINE

Menu 75 € (déjeuner), 160 €

7 rue Tronchet
www.akrame.com
TEL. 01 40 67 11 16
Ⓜ Madeleine

Fermé 3-23 août, samedi, dimanche

✿

Créative • Design

AKRAME

À deux pas de la Madeleine, Akrame Benallal a posé ses valises et ses couteaux dans un lieu bien protégé des regards, derrière une immense porte cochère. En bon amateur du travail de Pierre Soulages, il a voulu son intérieur dominé par le noir et résolument contemporain – on y trouve plusieurs photographies, et, au plafond, une étonnante sculpture d'un homme qui tombe... Dans l'assiette, on retrouve une bonne partie de ce qui avait fait le succès de sa précédente adresse, rue Lauriston : l'inventivité, les produits de qualité, le soin apporté aux présentations. Comme on l'imagine, le succès est au rendez-vous.

À LA CARTE...

Palourdes givrées, concombre et kiwi • Pigeon en croûte de meringue • Ananas au charbon

Menu 95 € (déjeuner),
180/280 € – Carte 175/280 €

20 rue d'Artois
www.restaurant-apicius.com
TEL. 01 43 80 19 66
St-Philippe du Roule

Fermé dimanche

❀

Moderne · Élégant

APICIUS

Installé dans un somptueux hôtel particulier du 18ᵉ s.
aux airs de petit palais, Apicius – baptisé ainsi en
hommage à cet épicurien de l'Antiquité romaine qui
aurait écrit le premier livre culinaire – est entré dans
une ère de changements... pour le meilleur ! Mathieu
Pacaud a remplacé Jean-Pierre Vigato, demeuré aux
fourneaux depuis plus de quarante ans. Les assiettes
perpétuent la belle tradition bourgeoise et réalisent la
synthèse entre classicisme et créativité.

À LA CARTE...
Grand arlequin végétal • Suprême de volaille de Bresse à la
feuille de citronnier et tajine de cuisse aux olives vertes • Soufflé au chocolat, glace à la vanille Bourbon et crème onctueuse

Menu 59 € (déjeuner),
109/159 €

3 rue Saint-Philippe-du-Roule
www.larome.fr
TEL. 01 42 25 55 98
Ⓜ **St-Philippe-du-Roule**

Fermé 3-24 août, 23-30 décembre,
samedi, dimanche

Moderne • Chic

L'ARÔME

Humer un arôme, un parfum, un bouquet : un alléchant programme proposé par cette élégante adresse, proche des Champs-Élysées, décorée par une collaboratrice de Jacques Garcia. Fidèle à son nom, le restaurant possède une belle cave, riche de 300 références, judicieusement sélectionnées. Grand amoureux des produits de saison, le chef Thomas Boullault, ancien du Royal Monceau et du George V, élabore une cuisine raffinée et contemporaine. Les menus changent chaque jour au gré du marché. Vous tomberez sous le charme de la délicatesse et de l'équilibre des saveurs : thon rouge mi-cuit fumé au foin, côte de veau aux morilles... Arômes, senteurs et saveurs : à la bonne heure !

À LA CARTE...

Pressé de tourteau breton, avocat, riz koshihikari et eau de tomate • Quasi de veau, palets de céleri à la ricotta et pulpe de cédrat confit • Soufflé chaud à l'amande, marmelade et sorbet abricot

Olivier Decker/Michelin • Olivier Decker/Michelin

🏵

Moderne · Élégant

114, FAUBOURG

Au sein du Bristol, une brasserie unique, assurément ! La salle interpelle au premier coup d'œil : traversée d'imposantes colonnes dorées, elle arbore sur ses murs orangés de grands motifs de dahlias luminescents... En son cœur s'ouvre un grand escalier, qui dessert le niveau inférieur où les tables côtoient les cuisines ouvertes. Chic, chatoyant, à la fois animé et confidentiel, ce lieu est une réussite.

Aux fourneaux, on revisite les grands classiques hexagonaux avec ce qu'il faut d'originalité : pâté en croûte, œufs king crab et mayonnaise au gingembre et citron ; tartare de bœuf aux huîtres de Marennes ; merlan frit à la sauce tartare ; ou encore millefeuille à la vanille Bourbon. Les assiettes sont soigneusement dressées et les saveurs s'y marient joliment. Une prestation dans les règles de l'art, aux tarifs certes élevés... mais ne sommes-nous pas dans un palace ?

Menu 130 € – Carte 82/150 €

114 rue du Faubourg-Saint-Honoré
www.lebristolparis.com
TEL. 01 53 43 44 44
🚇 **Miromesnil**

Fermé samedi midi, dimanche midi

♿ A/C

À LA CARTE...

Œufs king-crab, mayonnaise au gingembre et citron • Sole, pousses d'épinard, huile vierge aux câpres • Millefeuille à la vanille Bourbon, caramel au beurre demi-sel

Olivier Decker/Michelin • Olivier Decker/Michelin

Menu 49 € (déjeuner),
110 € – Carte 90/120 €

3 rue Arsène-Houssaye
www.lechiberta.com
TEL. 01 53 53 42 00
 Charles de Gaulle-Étoile

Fermé 3-24 août, samedi midi,
dimanche

✿

Créative • Épuré

LE CHIBERTA

Le Chiberta version Guy Savoy s'est choisi le noir comme couleur, le vin comme symbole et l'inventivité comme fil conducteur. En entrant, on est plongé dans un autre univers, tamisé, calme et feutré. Parfait pour les repas d'affaires comme pour les rencontres plus intimes. L'aménagement intérieur, conçu par l'architecte Jean-Michel Wilmotte, surprend par son minimalisme radical, tout en chic discret et design. La grande originalité du lieu reste indéniablement la "cave à vins verticale" : de grands crus habillant les murs à la manière d'une bibliothèque ou d'œuvres d'art. Entre deux alignements de bouteilles, des tableaux modernes et abstraits colorent ponctuellement l'espace. Confortablement installé à table, on apprécie toute l'étendue de la cuisine, supervisée par le "patron", qui revisite joliment la tradition.

À LA CARTE...

Tourteau en rémoulade au pomelo et avocat-concombre-coriandre • Ris de veau laqué aux girolles, amandes fraîches et quasi de veau façon vitello tonnato aux câpres • Fraises mara des bois, pistaches et sorbet fraises des bois

Le Chiberta • Julien Donminguez/Le Chiberta

Menu 55 € (déjeuner),
75/115 € – Carte 60/80 €

**142 avenue des Champs-Élysées
(Maison du Danemark - 1er étage)**
www.restaurant-copenhague-paris.
fr
TEL. 01 44 13 86 26
🔘 **George V**

**Fermé 3-30 août, 23-30 décembre,
samedi, dimanche**

✿

Danoise · Contemporain

COPENHAGUE

Sur les Champs-Élysées, la Maison du Danemark joue parfaitement son rôle d'ambassade culinaire du Grand Nord, et ce depuis 1955. Au 1ᵉʳ étage, le Copenhague offre un cadre apaisant avec son décor contemporain épuré et ses larges baies vitrées dominant l'avenue. À l'intérieur, ou installé sur l'agréable terrasse (dans une cour au calme, sur l'arrière), vous dégusterez la belle cuisine nordique d'Andréas Moller, valorisant de jolis produits, riche en légumes, herbes et fleurs, où s'épanouissent assaisonnements maîtrisés et notes acidulées. Chaque assiette bénéficie d'un travail précis et l'émotion est à la hauteur de la promesse. Une gastronomie tatouée aux influences scandinaves. "Velbekomme" (bon appétit) !

À LA CARTE...
Cuisine du marché

Classique • Élégant
DOMINIQUE BOUCHET

Menu 58 € (déjeuner),
128 € – Carte 95/120 €

11 rue Treilhard
www.dominique-bouchet.com
TEL. 01 45 61 09 46
Ⓜ Miromesnil

**Fermé 10-16 février, 3-16 août,
samedi, dimanche**

Du palace au bistrot : Dominique Bouchet a choisi. Lui qui dirigea les brigades du Crillon et de la Tour d'Argent, à Paris et au Japon, aspirait à plus de légèreté, et peut-être plus de liberté. Plus rien à prouver en matière de haute gastronomie, l'envie de laisser la place aux générations montantes pour ouvrir enfin un restaurant à son nom, la volonté aussi de ne plus courir après la perfection absolue ou les récompenses...

Toutes ces raisons l'ont poussé à s'installer "chez lui" et à revenir à l'essentiel : une belle cuisine classique mise au goût du jour et incontestablement maîtrisée. C'est l'avantage de la sagesse que de ne pas s'égarer ! À noter, la belle sélection de vins au verre... mais aussi l'intérieur contemporain et chic, où s'installe confortablement la clientèle très « business » de ce quartier huppé.

À LA CARTE...
Truite marinée au sansho, purée d'avocat, mangue et radis roses • Ris de veau laqué au jus et café torréfié, macaronis à la truffe et au parmesan • Omelette norvégienne revisitée, coulis d'ananas

Yuliiko Saito/Dominique Bouchet • Sylvain Monjanel/Dominique Bouchet

❀

Moderne · Élégant

L'ÉCRIN

L'ambassade de la grande cuisine du célèbre Hôtel de Crillon a laissé place à l'Écrin, salle "cachée", intimiste et intemporelle, pensée dans les moindres détails de l'Art de la table... La cuisine de Boris Campanella (ancien du Cheval Blanc à Courchevel) est axée sur la lisibilité, la saisonnalité et la saveur. Sa carte (tendre souvenir d'un veau fermier du Limousin petit pois girolles et vrai jus) se déguste dans un écrin savoureux, donc, qui cristallise toutes les représentations du luxe à la française – le service, à l'ancienne, n'étant pas en reste ! L'art d'assumer un héritage, sans souci de révérence mais avec une technique éprouvée. Les chefs passent, l'Écrin demeure.

Menu 195/270 € –
Carte 185/250 €

10 place de la Concorde
www.rosewoodhotels.com/fr/
hotel-de-crillon
TEL. 01 44 71 15 30
Ⓜ Concorde

À LA CARTE...

Plin de légumes à la truffe noire et aux parfums de sauge • Turbot rôti, mijoté d'encornets terre et mer, fromage blanc persillé • Rhubarbe aux saveurs de lait à l'aneth

Fermé 26 juillet-25 août, lundi,
mardi midi, mercredi midi, jeudi
midi, vendredi midi, samedi midi,
dimanche

Menu 65 € (déjeuner),
95/129 € – Carte 70/120 €

31 avenue George-V
www.legeorge.com
TEL. 01 49 52 72 09
ⓜ George V

✿

Italienne • Élégant

LE GEORGE

Magistral lustre Baccarat, blancheur immaculée du décor et délicates compositions florales... Le décor chic et décontracté, signé Pierre-Yves Rochon, ne laisse aucun doute : on est bien au sein du prestigieux hôtel Four Seasons George V ! Aux fourneaux du George depuis septembre 2016, Simone Zanoni y imprime sa patte culinaire – dont l'empreinte a évidemment la forme de la botte transalpine.

La cuisine garde de jolis accents maritimes, mais c'est plus précisément l'Italie qui remporte la mise ; on est sous le charme de cette cuisine aérienne, qui mise toujours sur la légèreté et les petites portions, avec un respect particulier des saveurs et des méthodes de cuisson propres à la Méditerranée. À déguster à l'intérieur ou sous la haute véranda, pour profiter de la cour par tous les temps.

À LA CARTE...

Arancini safrané et tartare de thon • Tortelli ricotta, citron et menthe fraîche • Torta di mele caramélisée

❀

Poissons et fruits de mer • Élégant

HELEN

Créé en 2012, Helen est aujourd'hui une valeur sûre parmi les restaurants de poisson des beaux quartiers. Au menu : uniquement des pièces sauvages issues de la pêche quotidienne de petits bateaux, travaillées avec grand soin et simplicité. Dans l'assiette, en effet, pas de fioritures, une seule règle compte : mettre en valeur les saveurs naturelles – et iodées – du poisson (cru, grillé, à la plancha, à la vapeur, etc.). Les amateurs sont aux anges ! De plus, la carte varie au gré des arrivages, proposant par exemple un carpaccio de daurade royale au citron caviar, des sardines à l'escabèche, un turbotin rôti à la sauge et pancetta, des rougets barbets meunière... Tout cela est servi avec précision et savoir-faire : certains poissons sont même découpés directement en salle.

Salle qui épouse également ce parti pris de sobriété, en faisant montre d'une épure toute contemporaine et d'une belle élégance... Helen, ou le raffinement dans la simplicité.

Menu 48 € (déjeuner), 138 € – Carte 80/170 €

3 rue Berryer
www.helenrestaurant.com
TEL. 01 40 76 01 40
Ⓜ George V

Fermé 1ᵉʳ-24 août,
23 décembre-5 janvier, lundi,
samedi midi, dimanche

A/C ⟷

À LA CARTE...

Carpaccio de daurade royale au citron caviar • Saint-pierre rôti aux échalotes confites • Tarte meringuée aux deux citrons

Carte 177/275 €

17 avenue Franklin-D.-Roosevelt
www.restaurant-lasserre.com
TEL. 01 43 59 02 13
Ⓜ **Franklin-D.-Roosevelt**

Fermé 1er-13 janvier, 1er-31 août,
lundi, mardi midi, mercredi midi,
jeudi midi, vendredi midi, samedi
midi, dimanche

Classique • Luxe

LASSERRE

Tout près des Champs-Élysées, cet hôtel particulier de style Directoire marque immanquablement les esprits. René Lasserre (disparu en 2006), monté à Paris pour apprendre le métier alors qu'il était adolescent, a élevé son restaurant au rang de symbole. Située à l'étage, la salle à manger arbore un luxueux décor : colonnes, jardinières d'orchidées et de plantes vertes, vaisselle et bibelots en argent, lustres en cristal, porcelaines de Chine... Autre élément propre à la magie de l'endroit, un étonnant toit ouvrant, devenu célèbre, illumine les tables au gré des saisons. Ancien de la maison, le chef Jean-Louis Nomicos en signe désormais la carte, parfaitement en phase avec cet héritage.

À LA CARTE...
Macaronis farcis, truffes noires, céleris et foie gras de canard • Canard à l'orange • Crêpes Suzette

Olivier Decker/Michelin • Olivier Decker/Michelin

Moderne · Historique

LUCAS CARTON

Ce nom évoque une longue histoire : Robert Lucas et sa "Taverne Anglaise" en 1732 ; Francis Carton en 1925 qui accole les deux patronymes et crée cette identité très sonore, "Lucas Carton", où il fera briller trois étoiles dans les années 1930 ; Alain Senderens, enfin, qui choisit en 2005 de lui donner son propre nom pour la repenser librement. Aujourd'hui, l'adresse endosse avec tact les nouveaux codes de la gastronomie contemporaine. Le jeune chef, Julien Dumas, sait rendre le meilleur de beaux produits – mention spéciale pour les légumes de petits producteurs et le travail sur l'acidité et l'amertume – et ses assiettes, bien équilibrées, sont portées par un irrésistible souffle méditerranéen. L'histoire continue pour cette institution.

À LA CARTE...

Chou-fleur croustillant • Sarrasin et lieu de ligne croustillant • Chocolat et orge toasté

Menu 89/189 € –
Carte 144/240 €

9 place de la Madeleine
www.lucascarton.com
TEL. 01 42 65 22 90
Ⓜ **Madeleine**

Fermé 1ᵉʳ-25 août, dimanche

Menu 75 € (déjeuner),
95/125 € – Carte 103/146 €

31 avenue George-V
www.lorangerieparis.com
TEL. 01 49 52 72 24
George V

🕸

Moderne • Élégant

L'ORANGERIE

Dans cet espace de poche (18 couverts seulement), aménagé au sein de l'hôtel George V, la carte est supervisée par Christian Le Squer et mise en œuvre par Alan Taudon, un habitué de la maison – il participait précédemment à l'élaboration des plats du Cinq. Tout en conservant l'ADN du lieu (une cuisine française de saison, de jolies notes parfumées), le chef a repensé l'offre gastronomique dans une veine "healthy", allégée en matières grasses, en articulant sa carte autour des légumes, des produits laitiers et de la mer, et en faisant volontairement l'impasse sur les viandes. Les assiettes sont savoureuses et complétées à merveille par des desserts en tout point excellents, et par une carte des vins déclinée de celle, impressionnante, du Cinq.

À LA CARTE...

Langoustine à cru et riz à sushi • Mangue rôtie en feuille de lait, olives déshydratées et cacao amer • Fleur de vacherin, framboise et menthe poivrée

❀

Moderne • Contemporain

PAVYLLON

On n'arrête plus Yannick Alléno ! La dernière adresse du chef francilien fait salle comble, et ce n'est que justice. Trente couverts au comptoir (dans l'esprit d'un Atelier de Joël Robuchon, en plus feutré), une cuisine sans fausses notes, élaborée autour de belles bases classiques, mêlée de saveurs et de touches étrangères (un exemple, ces tempuras qui remplacent la garniture pour les plats principaux). C'est fin, délicat, servi dans une ambiance chic et décontractée : on passe un excellent moment.

À LA CARTE...

Mousseline de brochet en pain brioché, extraction de céleri • Feuille à feuille de barbue à la vapeur, lait fermenté et condiments • Chocolat chaud en crème tendre et cristalline de sarrasin

Menu 68 € (déjeuner),
145/235 € – Carte 100/200 €

**8 avenue Dutuit
(carré Champs-Élysées)**
www.yannick-alleno.com
TEL. 01 53 05 10 10
◎ **Champs-Élysées Clemenceau**

Menu 39 € (déjeuner), 55 € –
Carte 80/110 €

9 Rue Balzac
www.penatialbaretto.eu
TEL. 01 42 99 80 00
Ⓜ George V

Fermé samedi midi, dimanche

🞪 A/C

✿

Italienne • Classique

PENATI AL BARETTO

Alberico Penati aura d'emblée imposé sa table italienne parmi les meilleures de la capitale ! Il est installé au sein de l'Hôtel de Vigny, à deux pas de l'Arc de Triomphe, dans cette rue Balzac déjà bien connue des gastronomes (Pierre Gagnaire y a sa table). Un heureux augure ? Le fait est que sa cuisine honore la plus belle tradition transalpine avec raffinement et générosité. Rien de trop sophistiqué dans ces recettes, où règne même une forme de simplicité, des pâtes au risotto : le chef porte avec aisance son héritage culinaire, toujours enraciné dans ces régions si riches en produits emblématiques. Les assiettes ne mentent pas : elles débordent de saveurs. Quant au décor, il distille une ambiance feutrée et élégante, dans un beau camaïeu de bois et de tons beige et chocolat. Eleganza e semplicità, encore et toujours.

À LA CARTE...
Cuisine du marché

Japonaise • Simple

KISIN

Devinette : que fait un chef de Tokyo quand il arrive à Paris ? Il ouvre un restaurant, sitôt ses valises posées. Devinette (suite) : que font nos papilles quand elles croisent la route de cet établissement ? Elles frémissent d'aise. Car ici, on déguste produits japonais, et vrais udon, fabriqués devant le client. La petite salle très simple, épurée, décorée dans l'esprit des échoppes nippones, permet de se consacrer au goût, rien qu'au goût – ainsi l'agréable edamame servi tiède ou le superbe udon porc braisé. Une cuisine naturelle, sans additif, saine et goûteuse, au très bon rapport qualité-prix.

À LA CARTE...

Gyusuji : mijoté de tendron de bœuf au miso • Goma tantan-men : émincé de porc au sésame et épices • Sakura mochi

Menu 30/45 € – Carte 28/42 €

9 rue de Ponthieu
www.udon-kisin.fr
TEL. 01 71 26 77 28
Ⓜ Franklin-D.-Roosevelt

Fermé 1er-15 août, dimanche

A/C

Coréenne • Simple

MANDOOBAR

Les bonnes tables coréennes n'étant pas forcément légion à Paris, on est heureux de dénicher celle-ci dans une petite rue au-dessus de la gare Saint-Lazare. Dans une petite salle, le chef, Kim Kwang-Loc, aussi agile que précis, réalise directement sous vos yeux les *mandu* (des ravioles coréennes) et les tartares de thon et de bœuf qui constituent l'essentiel de la courte carte ; des préparations fines, goûteuses, qui regorgent de parfums et que les herbes et autres condiments asiatiques relèvent de la plus élégante manière. Tout cela pour une addition très mesurée... On se pince !

À LA CARTE...

Yatchee mandoo : ravioles de chou asiatique, tofu, ciboule et pousses d'ail • Tartare de bœuf, sauce soja, sésame et poivre du Cambodge • Glace coco-charbon

Carte 21/35 €

7 rue d'Edimbourg
www.mandoobar.fr
TEL. 01 55 06 08 53
Ⓜ Europe

Fermé 1er-31 août, lundi, dimanche

Garance CHENU/Kisin • Mandoobar

Cuisine du marché · Bistro

LE MERMOZ

Un véritable OVNI dans le quartier ! Manon Fleury, ex-escrimeuse passée par une prépa littéraire, a appris l'art de la cuisine auprès de chefs recommandables (Pascal Barbot, Alexandre Couillon). À la lecture de la carte du midi, on devine déjà que ça va sourire : tartare de veau, abricot moelleux et origan ; poularde au zaatar, shiitake et asperge verte ; rhubarbe confite, sirop d'hibiscus et streusel... Des bouquets de gourmandise bien de saison, renouvelés régulièrement, à prix raisonnables. Le soir, changement de ton : on bascule dans une ambiance de bar à vins, avec petites assiettes façon tapas. À toute heure, on se régale.

À LA CARTE...
Cuisine du marché

Carte 33/48 €

16 rue Jean-Mermoz
TEL. 01 45 63 65 26
Ⓜ Champs-Élysées

Fermé samedi, dimanche

Moderne · Épuré

POMZE

Adresse originale que cette Pomze, qui invite à un "voyage autour de la pomme" ! La maison comporte deux espaces distincts : une épicerie au rez-de-chaussée (vente de cidre, calvados, etc.) et un restaurant au 1ᵉʳ étage. Derrière les fourneaux, c'est une équipe franco-américaine qui œuvre, proposant une cuisine créative, voyageuse et soignée... On se sent à l'aise dans cet intérieur contemporain, lumineux et confortable.

À LA CARTE...
Croustillant de pommes et rémoulade de crevettes roses • Joues de veau braisées au cidre du Pays d'Auge et choucroute de navet • Tarte Tatin et crème fraîche de Normandie

Menu 37 € – Carte 48/64 €

109 boulevard Haussmann (1er étage)
www.pomze.com
TEL. 01 42 65 65 83
Ⓜ St-Augustin

Fermé 22 décembre-2 janvier, samedi soir, dimanche

⅏○

Traditionnelle • Bistro

LE BOUDOIR

Meilleur Ouvrier de France en charcuterie, le chef a travaillé dans de belles maisons et exprime aujourd'hui dans ce Boudoir son amour du... boudin. Oui, la charcuterie peut être un art : voyez le splendide pâté en croûte de volaille et foie gras ! Décor sobre et élégant, service parfait.

Menu 35 € (déjeuner), 62 € – Carte 48/70 €

25 rue du Colisée
www.boudoirparis.fr
TEL. 01 43 59 25 29
Ⓜ Franklin D. Roosevelt

Fermé 8-23 août, samedi, dimanche

A/C ⟨⟩

⅏○

Traditionnelle • Cosy

LES 110 DE TAILLEVENT

Sous l'égide de la prestigieuse maison Taillevent, une brasserie très chic, qui joue la carte des associations mets et vins. Une réussite, aussi bien le choix remarquable de 110 vins au verre, que la cuisine, traditionnelle et bien tournée (pâté en croûte, bavette sauce au poivre, etc.). Cadre élégant et chaleureux.

Menu 46 € – Carte 47/150 €

195 rue du Faubourg-St-Honoré
www.les-110-taillevent-paris.com
TEL. 01 40 74 20 20
Ⓜ Charles de Gaulle-Étoile

Fermé 1ᵉʳ-24 août

🕸 ⅌ A/C

⅏○

Traditionnelle • Bistro

CHEZ MONSIEUR

Voilà le bistrot parisien dans toute sa splendeur (comptoir en zinc, banquettes en velours, carrelage à motifs), avec l'immuable – et très bonne ! – cuisine qui l'accompagne : escargots de Bourgogne au beurre blanc, blanquette de veau servie en cocotte... sans oublier un large panel de vins de toutes les régions de France.

Carte 52/88 €

11 rue du Chevalier-de-Saint-George
www.chezmonsieur.fr
TEL. 01 42 60 14 36
Ⓜ Madeleine

🕸 A/C

⅏○

Shanghaïenne • Élégant

IMPERIAL TREASURE

Situé dans l'élégant hôtel La Clef Ascott, ce restaurant chinois dispose d'un très joli bar au décor moderne, puis de deux agréables salles à manger. C'est donc dans un cadre luxueux et élégant qu'on déguste une cuisine de Shanghai, préparée avec soin et de beaux ingrédients, comme la crevette impériale, carabinero sauté et riz gluant. Dépaysement des papilles assuré.

Menu 48 € (déjeuner), 88/118 € – Carte 50/130 €

44 rue de Bassano
www.imperialtreasure.com/france/
TEL. 01 58 56 29 09
Ⓜ George V

🕸 🏮 ♿ A/C ⟨⟩

🍽○

Moderne · Élégant

LAURENT

Ancien pavillon de chasse et guinguette sous la Révolution, Laurent conserve son cadre néoclassique et bourgeois, très en vogue à l'époque de sa création. La cuisine cultive les codes de la tradition bleu-blanc-rouge et séduit une clientèle d'affaires, de "people" et à la belle saison, de touristes, grâce à son agréable terrasse.

Menu 95/169 € – Carte 155/245 €

41 avenue Gabriel
www.le-laurent.com
TEL. 01 42 25 00 39
Ⓜ **Champs-Élysées Clemenceau**

Fermé 22 décembre-6 janvier, samedi,
dimanche

🍽○

Péruvienne · Élégant

MANKO

Le chef star péruvien Gaston Acurio et le chanteur Garou ont eu un enfant : il s'appelle Manko. Ce restaurant, bar lounge et cabaret du sous-sol du Théâtre des Champs-Elysées propose des recettes péruviennes mâtinées de touches asiatiques et africaines. Une cuisine de partage bien ficelée.

Menu 31 € (déjeuner), 65 € –
Carte 40/80 €

15 avenue Montaigne
www.manko-paris.com
TEL. 01 82 28 00 15
Ⓜ **Alma Marceau**

🅰🅲 ⛶

🍽○

Traditionnelle · Brasserie

LAZARE

Au cœur de la fameuse gare St-Lazare, on doit à Éric Frechon l'idée de cette élégante brasserie "ferroviaire" qui respecte les canons du genre : œufs mimosa, quenelles de brochet ou maquereaux au vin blanc, la belle tradition française est sur les rails ! Sympathique et très animé.

Carte 35/90 €

Parvis de la gare St-Lazare, rue Intérieure
www.lazare-paris.fr
TEL. 01 44 90 80 80
Ⓜ **St-Lazare**

🍽○

Poissons et fruits de mer ·
Méditerranéen

MARIUS ET JANETTE

Un élégant décor façon yacht, des filets de pêche, etc. Ici, les produits de la mer sont évidemment à l'honneur ; la carte est renouvelée chaque jour, au gré des arrivages…

Menu 65 € (déjeuner) – Carte 95/180 €

4 avenue George-V
www.mariusjanette.com
TEL. 01 47 23 41 88
Ⓜ **Alma Marceau**

¶⃝

Classique · Élégant

LE RELAIS PLAZA

Au sein du Plaza Athénée, la cantine chic et feutrée des maisons de couture voisines. Comment résister au charme de cette brasserie au beau décor 1930, inspiré du paquebot Normandie ? Une ambiance unique pour une cuisine qui joue la carte de la belle tradition. Si parisien...

Menu 68 € – Carte 80/135 €

**25 avenue Montaigne
www.dorchestercollection.com/paris/hotel-plaza-athenee
TEL. 01 53 67 64 00
Ⓜ Alma Marceau**

Ⓐ/C

¶⃝

Moderne · Contemporain

SHIRVAN

Ce restaurant, proche du pont de l'Alma, porte la signature d'Akrame Benallal. Pas de nappage ici, mais couverts design, timbales en grès, et une cuisine, nourrie aux influences de "la route de la soie", du Maroc à l'Inde, en passant par l'Azerbaïdjan. Une gastronomie métissée riche en épices... Service efficace et quasi continu.

Menu 40 € (déjeuner) – Carte 40/100 €

**5 place de l'Alma
www.shirvancafemetisse.fr
TEL. 01 47 23 09 48
Ⓜ Alma Marceau**

🛖 ♿ Ⓐ/C

LeslieLauren/iStock

9^e

OPÉRA • GRANDS BOULEVARDS

Menu 69 €

24 rue de la Tour-d'Auvergne
www.aspic-restaurant.fr
TEL. 09 82 49 30 98
Ⓜ Cadet

Fermé 2-31 août, 24 décembre-
1ᵉʳ janvier, lundi, dimanche et le
midi

A/C

Moderne • Bistro

ASPIC

Après avoir plaqué le monde de la finance pour entrer à l'école Ferrandi, le chef a multiplié les expériences (ministère des Affaires étrangères, L'Épi Dupin entre autres) avant d'ouvrir sa propre table rue de la Tour d'Auvergne. Esprit rétro, cuisine ouverte sur la salle, service attentionné : on se sent immédiatement à l'aise. Impression confirmée par les assiettes aux dressages soignés : le menu surprise, en sept séquences, met en valeur des produits impeccables (viandes et volailles fermières, poissons de ligne et de petit bateau, herbes et épices, le tout issu des circuits courts, autant que possible) dans des préparations subtiles et délicates... avec juste ce qu'il faut de créativité bien maîtrisée. Un bonheur.

À LA CARTE...
Cuisine du marché

Créative • Cosy

LA CONDESA

La Condesa est un quartier de Mexico : c'est aussi le restaurant d'Indra Carrillo, venu du Mexique pour intégrer l'institut Paul Bocuse, avant de rejoindre de grandes maisons comme le Bristol ou l'Astrance. Formé chez des MOF, notamment en poissonnerie et boulangerie, et après une expérience au Japon, il reprend l'Atelier Rodier, qu'il transforme complètement, côté salle et cuisine. Ses techniques sont françaises, mais ses inspirations font la part belle aux différentes cultures gastronomiques (pas nécessairement mexicaines). Exemple parfait, cet agnoletti de butternut infusé dans un bouillon de volaille et huile de piment mexicain, lard de colonnata. Une excellente adresse, mise en valeur par un service professionnel. Un coup de cœur.

Menu 45 € (déjeuner), 75/95 €

17 rue Rodier
www.lacondesa-paris.com
TEL. 01 53 20 94 90
Ⓜ Notre-Dame de Lorette

Fermé lundi, mardi midi, mercredi midi, jeudi midi, samedi midi, dimanche

A/C

À LA CARTE...
Cuisine du marché

Menu 32 € (déjeuner), 69 €

28 rue de la Tour-d'Auvergne
www.linnocence.fr
TEL. 01 45 23 99 13
Ⓜ Cadet

Fermé 9-31 août,
30 décembre-6 janvier, lundi, mardi
midi, mercredi midi, jeudi midi,
dimanche

Ⓐ/C

Moderne • Épuré

L'INNOCENCE

Depuis leur cuisine ouverte sur la salle, deux cheffes talentueuses, Anne Legrand (L'Atelier Rodier, Le Clarence, Itinéraires) et Clio Modaffari (The Kitchen Gallery, Itinéraires, Frenchie) célèbrent le marché et les saisons au fil d'un menu mystère en six plats. Ce jour-là, un beau pavé de filet de thon Ikejime, un suprême de pigeonneau d'une insolente tendreté, ou l'excellente poulette de la cour d'Armoise à la peau croustifondante. Produits rigoureusement sélectionnés, saveurs percutantes, jolis jeux de textures : on se régale d'un bout à l'autre des assiettes colorées du duo, qui se plaît à travailler végétal, viandes et poisson. Pensez à réserver.

À LA CARTE...

Rouget barbet, courgette, haricots verts et sauce de tête • Lapin au foie, lard de Colonnata, sauge, chénopodes et févettes • Cerises, croustillant à la graine de fenouil et mousse d'amande

❀

Moderne · Intime

LOUIS

Non loin des grands magasins mais dans une rue tranquille, ce petit restaurant accueille dans un intérieur intimiste, avec cuisine ouverte et caveau de dégustation au sous-sol. Aux fourneaux, un chef breton, passé chez Senderens, rend hommage à son père, grand-père et arrière-grand-père, tous prénommés "Louis". Il cisèle des menus originaux, en petites portions : blanc de cabillaud au chou romanesco, noisette du Piémont et savagnin ; ou encore agneau rôti, textures de petits pois et lard de Bigorre. Les bons appétits opteront pour le menu à 6 ou 8 plats. C'est inventif, spontané, et la cuisine est attentive au marché et aux saisons. Une pause gourmande au calme... et pour une expérience plus "bistrot", direction Le Cellier et sa cuisine simple et franche, à deux numéros de là.

Menu 42 € (déjeuner), 71/91 €

23 rue de la Victoire
www.louis.paris
TEL. 01 55 07 86 52
Ⓜ **Le Peletier**

Fermé 7 juillet-18 août, samedi,
dimanche

♿

À LA CARTE...
Cuisine du marché

Olivier Decker/Michelin · Olivier Decker/Michelin

Créative • Contemporain

NESO

Nomos, c'est fini : bienvenue à NESO ! L'attachant – et très tatoué – Guillaume Sanchez s'est installé dans le 9ᵉ arrondissement. Dans un lieu sobre et élégant, il propose une cuisine tout feu tout flamme, avec de l'imagination et de la technique à revendre – extractions de vapeur à froid, fermentation des légumes... Les assiettes sont proposées dans un menu mystère en 7 ou 10 plats, et le moins que l'on puisse dire, c'est que ça déménage. Variations de saveurs et de textures, dressages originaux et très soignés, on enchaîne les petites bombinettes de saveurs, jusqu'à quelques tentatives qui laissent plus perplexe mais témoignent d'une identité forte et assumée. En un mot : une expérience.

À LA CARTE...
Cuisine du marché

Menu 55 € (déjeuner), 90/120 €

6 rue Papillon
www.neso.paris
TEL. 01 48 24 04 13
Ⓜ **Poissonnière**

Fermé 23 décembre-2 janvier,
lundi midi, samedi, dimanche

& AC

Japonaise • Bistro

ABRI SOBA

Vous connaissez sans aucun doute les soba, ces pâtes japonaises au sarrasin qui rencontrent un immense succès partout dans le monde... Ce restaurant (la deuxième adresse des associés à l'origine d'Abri) en a fait sa spécialité et les propose, pour ainsi dire, à toutes les sauces : froides ou chaudes, avec bouillon et émincé de canard par exemple. Le soir, la partition prend la tangente, à la manière d'un izakaya : place à des petites portions bien troussées – sashimis, tempuras, plats de poissons – de très bonne tenue, qui réjouiront les connaisseurs, et tous les autres.

À LA CARTE...

Pâtes soba froides, sauce soja, tofu émincé et frit • Pâtes soba chaudes, beignets de crevettes et légumes

Menu 38 € – Carte 25/40 €

10 rue Saulnier
TEL. 01 45 23 51 68
Cadet

Fermé 12 août-1ᵉʳ septembre, lundi, dimanche midi

Moderne • Convivial

LE CAILLEBOTTE

Le Caillebotte, c'est, en quelque sorte, l'archétype du bistrot contemporain : déco épurée, lampes en suspension, mur en miroir et mobilier de bois clair, avec une baie vitrée donnant sur les cuisines. Franck Baranger, le chef, y compose ces assiettes fraîches et résolument modernes dont il a le secret : langoustines servies crues sur des lasagnes de concombre, thon blanc de Saint-Gilles et coulis de petits pois mentholés... Une cuisine gourmande et colorée, pleine de saveurs, qui colle parfaitement à l'ambiance conviviale et bon enfant des lieux. Voilà une adresse qui fait du bien !

À LA CARTE...

Escabèche de maquereau de ligne, pois chiche, tom kha de carotte blanche • Canette de Challans, oignons, betteraves jaune et myrtilles • Mirabelles poêlées, crumble amande et glace verveine

Menu 38/49 €

8 rue Hippolyte-Lebas
TEL. 01 53 20 88 70
Notre-Dame de Lorette

Fermé 12-31 août, samedi, dimanche

Moderne · Bistro

LES CANAILLES PIGALLE

Parfaite pour s'encanailler, cette sympathique adresse a été créée par deux Bretons formés à bonne école, notamment chez Dominique Bouchet et au Crillon. Ici, ils jouent la carte de la bistronomie, des recettes de saison et bien sûr des plats canailles. Ne passez pas à côté des spécialités de la maison : le carpaccio de langue de bœuf sauce ravigote et le baba au rhum avec sa chantilly à la vanille... On se régale d'autant plus que les portions sont généreuses ! Avec en prime une belle ambiance de bistrot de quartier, à deux pas de la butte Montmartre et du Moulin Rouge...

À LA CARTE...

Carpaccio de langue de bœuf, sauce gribiche • Filet de canette rôti, mousseline de carotte jaune • Baba au rhum

Menu 37 € – Carte 49/55 €

25 rue La Bruyère
www.restaurantlescanailles.fr
TEL. 01 48 74 10 48
Ⓜ St-Georges

Fermé 8-30 août, samedi, dimanche

A/C

Moderne · Bistro

LE PANTRUCHE

Les titis de Pigalle se pressent dans ce bistrot vintage, et pour cause. Miroirs piqués, banquette rétro et zinc enjôleur : bien qu'actuel, le cadre fait de l'œil au Paris des années 1940. Sur l'ardoise, on reconnaît le style de Franck Baranger, un chef au beau parcours. Selon la saison, il imagine de séduisants maquereaux à la flamme, céleri et groseilles, condiment moutarde ; une pintade fermière, crème de maïs, romaine braisée au jus, ou encore l'inénarrable soufflé au Grand Marnier et caramel au beurre salé. C'est efficace sans être simpliste, c'est généreux, et l'on repart le sourire aux lèvres : "Ah, Paname !"

À LA CARTE...

Tête de veau croustillante, coquillages et herbes sauvages • Canard maturé, betteraves au vinaigre, salade braisée et cassis • Soufflé au Grand Marnier, caramel au beurre salé

Menu 38 €

3 rue Victor-Massé
TEL. 01 48 78 55 60
Ⓜ Pigalle

Fermé 12-31 août, samedi, dimanche

Moderne • Branché

RICHER

Saluons d'emblée les intuitions de Charles Compagnon, le patron du Richer, qui lui a donné son âme si particulière : les murs de pierre et de brique confèrent à l'ensemble un air de cantine arty et conviviale, avec ce magnifique percolateur qui trône sur le comptoir. Dans l'assiette, on retrouve une super cuisine du marché, goûteuse et inspirée, à l'image de ces gambas et crème de fenouil. Attention cependant, le seul moyen de réserver est de se présenter sur place, très tôt ou très tard dans la soirée. Dîner au Richer est une riche idée... mais se mérite.

À LA CARTE...

Velouté de petits pois, stracciatella de burrata, pickles de cerise et radis noir • Selle d'agneau rôtie, houmous, pleurotes, épinards, jus d'agneau • Soupe de pêche-verveine, crème légère et concombre mariné

Carte 36/51 €

2 rue Richer
www.lericher.com
TEL. 09 67 29 18 43
Ⓜ Poissonnière

Fermé 9-23 août, 23 décembre-1er janvier

&

🍴⃝

Moderne • Bistro

LES AFFRANCHIS

"Affranchi" des maisons où il était salarié, le chef se joue avec bonheur des classiques pour élaborer une cuisine goûteuse, à l'image de cet œuf parfait, façon carbonara ou du lieu jaune en arlequin de chou-fleur, orange et poutargue. Une adresse qui va comme un gant à ce 9e arrondissement, aussi bourgeois que bohème.

Menu 35 € (déjeuner), 45/50 €

5 rue Henri-Monnier
www.lesaffranchisrestaurant.com
TEL. 01 45 26 26 30
Ⓜ St-Georges

Fermé lundi

━━━━━━━━━━

🍴⃝

Poissons et fruits de mer • Bistro

BELLE MAISON

Les trois associés de Pantruche et Caillebotte remettent ça avec cette Belle Maison, baptisée ainsi d'après la plage de l'île d'Yeu où ils passaient leurs vacances. Le chef manie l'iode avec une facilité déconcertante – raviole de crabe et gaspacho ; maigre de ligne, petits pois et girolles –, on se régale en sa compagnie. Appel du large reçu cinq sur cinq !

Carte 41/58 €

4 rue de Navarin
www.restaurant-bellemaison.com
TEL. 01 42 81 11 00
Ⓜ Saint-Georges

Fermé lundi, dimanche

Richer

🍴○

Moderne · Convivial

BOUILLON 47 ℕ

Première affaire pour ce chef, qui fut pendant trois ans second de Bruno Doucet à La Régalade St-Honoré – à bonne école, donc ! Il compose ici une cuisine bistronomique bien ficelée, avec de judicieuses associations de produits de saison et de qualité... C'est gourmand, goûteux : on passe un excellent moment.

Menu 28 € (déjeuner), 42/80 €

47 rue de Rochechouart
www.bouillonparis.fr
TEL. 09 51 18 66 59
Ⓜ Poissonnière

Fermé 1ᵉʳ-6 janvier, 1ᵉʳ-11 mai, 2-24 août, lundi, dimanche

  ♿   A/C

🍴○

Moderne · Tendance

LA RÉGALADE CONSERVATOIRE

Après sa Régalade du 1ᵉʳ arrondissement, Bruno Doucet réplique à deux pas des Grands Boulevards, au sein du luxueux hôtel de Nell. L'esprit bistrot se fait chic, et la cuisine du chef toujours aussi enlevée, généreuse et savoureuse. Vivement le nouvel opus !

Menu 41 €

7-9 rue du Conservatoire
www.charmandmore.com
TEL. 01 44 83 83 60
Ⓜ Bonne Nouvelle

  ♿   A/C   ⟷   🍳

🍴○

Moderne · Bistro

LE GARDE TEMPS

Murs en pierres apparentes, comptoir en carrelage de métro... Bienvenue au Garde Temps, sympathique bistrot ouvert par un ancien d'Yves Camdeborde : c'est frais et bien travaillé, comme cette mousseline de topinambour et maquereau, ou le coquelet jaune des landes aux herbes, et sa sauce suprême. En saison, l'ardoise s'autorise quelques plats ambitieux (truffe, homard).

Menu 25 € (déjeuner), 36 € –
Carte 45/70 €

19 bis rue Pierre-Fontaine
www.restaurant-legardetemps.fr
TEL. 09 81 48 50 55
Ⓜ Blanche

Fermé 5-25 août, samedi midi, dimanche

A/C

154

10^e

GARE DE L'EST •
GARE DU NORD •
CANAL ST-MARTIN

Menu 30 € (déjeuner), 60 €

92 rue du Faubourg-Poissonnière
TEL. 01 83 97 00 00
Ⓜ **Poissonnière**

Fermé 25 juillet-25 août,
25 décembre-7 janvier, lundi,
dimanche

✿

Moderne • Simple

ABRI

On ne remerciera jamais assez les jeunes Japonais qui viennent s'installer à Paris, apportant dans leurs bagages de belles et bonnes idées et une technique incomparable... Passé notamment par La Table de Joël Robuchon et Taillevent, Katsuaki Okiyama s'est entouré d'une équipe 100 % nippone... mais sa cuisine est grandement française, tout en portant la marque de cette sensibilité propre à l'Asie, qui va si bien aux classiques de l'Hexagone. Si le confort est, disons, modeste (une petite salle de vingt couverts environ), on apprécie la capacité du chef à surprendre avec des plats où l'improvisation joue un grand rôle, au gré de son inspiration et des produits dont il dispose – avec, comme souvent, une partition plus ambitieuse le soir qu'à midi. N'oublions pas, enfin, l'excellent rapport qualité-prix...

À LA CARTE...
Cuisine du marché

Traditionnelle • Rustique
CHEZ MICHEL

Depuis toutes ces années, l'atmosphère informelle et conviviale de Chez Michel est devenue proverbiale, tout comme ce décor où dominent le bois et les tons blanc et bleu, avec au niveau inférieur une petite salle aux airs de caveau de dégustation... Masahiro Kawai, le chef japonais, joue ici une partition traditionnelle joyeuse et goûteuse, sans rien s'interdire : du kig ha farz (la fameuse potée bretonne) au paris-brest, en passant par le foie gras rôti, il célèbre les régions françaises – et, en premier lieu, la Bretagne – avec un soin et une générosité de tous les instants. Quelle joie !

À LA CARTE...
Emietté de tourteau des côtes bretonnes, avocat • Pintade, pommes de terre grenaille et champignons • Figues caramélisées, glace vanille et spéculos

Menu 35 € (déjeuner), 38 €

10 rue de Belzunce
www.restaurantchezmichel.fr
TEL. 01 44 53 06 20
Ⓜ Gare du Nord

Fermé samedi, dimanche

Moderne • Design
52 FAUBOURG ST-DENIS

Charles Compagnon (à qui l'on doit aussi le Richer) a parfaitement pris le pouls de ce quartier animé du 10ᵉ populaire. Il dégaine ici un intérieur stylé, résolument chaleureux, comme le sont les endroits qui ne se la jouent pas. Quant à la carte, elle se révèle courte et efficace, avec des produits cuisinés avec justesse et des sauces aux petits oignons. Ainsi ce poulpe, petits pois, oignons nouveaux, croûtons, harissa-yaourt. On se régale jusqu'au café, sélectionné et torréfié par le patron. Attention : pas de réservation, ni de téléphone.

À LA CARTE...
Moules de bouchot, consommé de céleri, salicorne • Picatta, aubergine rôtie au miso et jus corsé • Tartelette framboise, crémeux à la rose et tuile au piment de Jamaïque

Carte 33/44 €

52 rue du Faubourg-St-Denis
www.faubourgstdenis.com
TEL. 01 48 00 95 88
Ⓜ Strasbourg-St-Denis

Fermé 2-23 août, 23 décembre-1ᵉʳ janvier

&

Moderne · Tendance

MAMAGOTO

Mamagoto, c'est dînette en japonais. Patience, vous allez comprendre. Installez-vous dans ce restaurant à la décoration épurée, qui louche vers l'esprit fifties, avec son joli comptoir carrelé de noir. Ici, Koji Tsuchiya, chef japonais aguerri, propose une savoureuse sélection d'assiettes à partager (la dînette !) et de plats individuels mêlant influences japonaises et... basques (l'origine de l'un des associés). Veau, anchois, champignons de Paris ; bœuf de Galice, pimiento, cébette : beaux produits, alliance de saveurs, pour une cuisine percutante et innovante, à accompagner d'une sélection de vins de petits vignerons.

À LA CARTE...

Poulpe, courgette, poutargue et lait de coco • Merlan de ligne frit, haricot vert et piment doux • Figues de Solliès, biscuit spéculos, crème citron vert

Menu 25 € (déjeuner) – Carte 32/55 €

5 rue des Petits-Hotels
www.mamagoto.fr
TEL. 01 44 79 03 98
Ⓜ Gare du Nord

Fermé samedi midi, dimanche

Moderne · Convivial

LES RÉSISTANTS

Les Résistants ? Ceux qui luttent encore (fournisseurs, producteurs, cuisiniers etc.) contre les sirènes de l'agroalimentaire, et qui placent toujours, au centre de leurs préoccupations, goût et traçabilité. Tel le credo des trois associés de la maison : oui, il est possible de bien se nourrir, tout en respectant le bien-être animal et les cycles naturels. Ils le prouvent avec talent dans cette sympathique adresse où l'on déguste une cuisine du marché, qui change tous les jours. Carte des vins exclusivement nature, cela va de soi... Brunch le samedi.

À LA CARTE...

Tartare de bœuf Galloway, betterave, huile de noix et coriandre • Veau, courge, épinards et poireaux • Coing, mousse au chocolat et crumble amande

Menu 19 € (déjeuner) – Carte 33/40 €

16 rue du Château-d'Eau
www.lesresistants.fr
TEL. 01 77 32 77 61
Ⓜ République

Fermé 9-24 août, lundi, dimanche

🍴
Moderne • Convivial

LE BEL ORDINAIRE

Au-dessus des grands boulevards, voici l'une des adresses en vogue du moment. À l'intérieur, des murs en béton brut couverts de grandes armoires, sur lesquelles sont disposés les produits d'épiceries et de vins (300 références). Cuisine simple et bonne, sans prétention.

Menu 23 € (déjeuner) – Carte 25/35 €

54 rue de Paradis
www.belordinaire.com
TEL. 01 46 27 46 67
Ⓜ Poissonière

Fermé 2-24 août, 24 décembre-2 janvier,
lundi, samedi midi, dimanche

 ♿ A/C

🍴
Moderne • Tendance

EELS

Chez Eels, les assiettes flirtent avec la bistronomie, et certaines d'entre elles (comme l'indique le nom du restaurant) valorisent l'anguille. Le jeune chef Adrien Ferrand a déjà du métier (6 ans chez William Ledeuil, d'abord à Ze Kitchen Galerie, puis au KGB). Avec Eels, il est désormais chez lui. Une réussite !

Menu 32 € (déjeuner), 48/60 € – Carte 50/60 €

27 rue d'Hauteville
www.restaurant-eels.com
TEL. 01 42 28 80 20
Ⓜ Bonne Nouvelle

Fermé 4-27 août, 21 décembre-2 janvier,
lundi, dimanche

🍴
Moderne • Bistro

LE GALOPIN

Dans son bistrot de la place Sainte-Marthe, Romain Tischenko cuisine comme à des amis, avec l'envie de partager ses envies du moment : jeux sur les saveurs, les herbes, les températures... Vous pourrez également tester son annexe, la "Cave à Michel" : simple comptoir, petites assiettes et jolie cave.

Menu 32 € (déjeuner), 58 € – Carte 45/55 €

34 rue Sainte-Marthe
www.le-galopin.com
TEL. 01 42 06 05 03
Ⓜ Belleville

Fermé lundi, mardi midi, mercredi midi, jeudi
midi, dimanche

🍴
Moderne • Contemporain

POULICHE Ⓝ

Retour gagnant pour la cheffe Amandine Chaignot après plusieurs années à Londres. Cette jeune table vivante et conviviale joue la cuisine du marché, la spontanéité et la créativité, sans jamais trahir le goût des ingrédients, sélectionnés avec soin. Le mercredi, menu exclusivement végétarien. Le dimanche, esprit cuisine bourgeoise familiale. Joli cadre, façon bistrot chic et cuisine ouverte. Une Pouliche dont on s'entiche.

Menu 28 € (déjeuner), 55 €

11 rue d'Enghien
www.poulicheparis.com
TEL. 01 45 89 07 56
Ⓜ Strasbourg-St Denis

11e

NATION • VOLTAIRE • RÉPUBLIQUE

Menu 32 € (déjeuner), 55/85 € –
Carte 70/80 €

11 rue Richard-Lenoir
www.automne-akishige.com
TEL. 01 40 09 03 70
Ⓜ Charonne

Fermé 16-31 août, lundi, mardi

Moderne • Bistro

AUTOMNE

Le chef japonais Nobuyuki Akishige, qui peut s'enorgueillir d'un parcours impeccable (l'Atelier du peintre à Colmar, la Vague d'Or à St-Tropez, avec Arnaud Donckele, le K2 à Courchevel, la Pyramide à Vienne) signe, en lieu et place de l'ancienne Pulperia, une cuisine de saison, subtile et maîtrisée, autour de produits de très belle qualité. En guise d'écrin, le cadre simple d'un bistrot pour une partition lisible, aux saveurs harmonieuses, ainsi la truite de Banka, au chou pontoise et jus de moule aux agrumes. Le rapport prix/gourmandise est imbattable ! Une adresse comme on aimerait en découvrir plus souvent.

À LA CARTE...

Tartelette de foie gras, coulis de raisin, moutarde violette et pain d'épice • Ris de veau croustillant, purée d'oignon, girolles sautées et truffe noire • Blanc-manger à l'estragon, coulis de citron et sorbet à l'huile d'olive

✿

Moderne • Bistro

LE CHATEAUBRIAND

Inaki Aizpitarte, célèbre chef basque, attire la clientèle gastronome du Tout-Paris avec son bistrot "pur jus", véritable temple de la mouvance bistronomique, dont il fut l'un des initiateurs. D'hier, le lieu a conservé le décor – tel qu'on pouvait encore en trouver dans les années 1930 – jouant sur le mélange néo-rétro (zinc, ardoises, haut plafond et tables étroites). D'aujourd'hui, il possède le répertoire culinaire et un service stylé avec des serveurs tout droit sortis d'un défilé de mode, aux allures décontractées. Chaque soir, l'unique menu dégustation offre une cuisine créative, osée et goûteuse, aux associations de saveurs originales, précise dans les assaisonnements, comme dans les cuissons. Produits et vins sont choisis avec soin chez des producteurs indépendants. Pensez à réserver !

À LA CARTE...
Cuisine du marché

Menu 75/140 €

129 avenue Parmentier
www.lechateaubriand.net
TEL. 01 43 57 45 95
Ⓜ Goncourt

Fermé lundi, dimanche, le midi
❀

Moderne • Cosy

QUI PLUME LA LUNE

Menu 50 € (déjeuner), 90/130 €

50 rue Amelot
www.quiplumelalune.fr
TEL. 01 48 07 45 48
Ⓜ **Chemin Vert**

Fermé 1er-4 janvier, 4-24 août,
lundi, dimanche

Qui plume la Lune, c'est d'abord un joli endroit, chaleureux et romantique... Sur l'un des murs de la salle trône une citation de William Faulkner : "Nous sommes entrés en courant dans le clair de lune et sommes allés vers la cuisine." Pierres apparentes et matériaux naturels (bois brut, branchages, etc.) complètent ce tableau non dénué de poésie...

Qui plume la Lune, c'est aussi un havre de délices, porté par une équipe déterminée à ne sélectionner que de superbes produits – selon une éthique écologique, ainsi de beaux légumes bio – et à régaler ses clients d'assiettes tout en maîtrise et en précision : une véritable démonstration de vitalité, de fraîcheur et de senteurs. Très agréable moment, donc, sous la clarté de cette table aussi lunaire que terrestre...

À LA CARTE...

Foie gras chaud, caramel aigre au vadouvan et crème de maïs doux • Lotte, asperge blanche marinée au vinaigre et au bouillon dashi, sabayon froid à la livèche • Bulle craquante aux fraises, mousse légère chocolat ivoire et jasmin

Moderne • Contemporain

LE RIGMAROLE

Le chef Robert Compagnon et la pâtissière Jessica Yang ont uni leurs talents pour créer cette table atypique, déjà hyper-courue à Paris. Ils recréent ici l'ambiance et les saveurs des restaurants yakitori et robatayaki japonais (tartare de bar, aile de raie, remarquable brochette de volaille fermière cuite au grill devant nos yeux) aussi bien que des gastronomies italiennes ou françaises (spaghettis à la poutargue, un pur régal !). Les produits sont top, l'ensemble est d'une fraîcheur à tomber : attention, le lieu n'a rien d'un secret et il est impératif de réserver plusieurs semaines à l'avance.

Menu 35/69 €

10 rue du Grand-Prieuré
www.lerigmarole.com
TEL. 01 71 24 58 44
Ⓜ Oberkampf

Fermé lundi, mardi, le midi

Ⓐ/C

À LA CARTE...
Cuisine du marché

Menu 60 € (déjeuner), 95 €

80 rue de Charonne
www.septime-charonne.fr
TEL. 01 43 67 38 29
Ⓜ Charonne

Fermé 3-26 août, lundi midi,
samedi, dimanche

❀

Moderne • Contemporain

SEPTIME

Des bonnes idées en pagaille, beaucoup de fraîcheur et d'aisance, de la passion et même un peu de malice, mais toujours de la précision et de la justesse : mené par le jeune Bertrand Grébaut (passé notamment par les cases Robuchon, Passard et Agapé), Septime symbolise le meilleur de cette nouvelle génération de tables parisiennes à la fois très branchées et... très épicuriennes !

Au milieu de la rue de Charonne, dans ce 11e arrondissement aujourd'hui très en vue, le lieu exploite à fond les codes de la modernité : grande verrière d'atelier, tables en bois brut, poutres en métal... Une vraie inspiration industrielle, plutôt chic dans son aboutissement, d'autant que le service, jeune et prévenant, contribue à faire passer un bon moment. Comme on peut l'imaginer, tout cela se mérite : il faudra réserver précisément trois semaines à l'avance pour avoir une chance d'en profiter.

À LA CARTE...
Cuisine du marché

Cuisine du terroir • Auberge

AUBERGE PYRÉNÉES CÉVENNES

À peine installé, le chef Négrevergne est déjà au diapason de cette maison historique. Dans la lignée de ses prédécesseurs, il dessine dans l'assiette le relief gastronomique d'une France des grand-mères, autour des Pyrénées et des Cévennes. Des recettes généreuses et authentiques, des plats bien de chez nous (terrine maison, blanquette de veau à l'ancienne et riz grillé, millefeuille) dont le plus fidèle compagnon – aujourd'hui, un saint-joseph rond et fruité – ne saurait être oublié. Tout le charme d'une auberge régionale, à prix sages et sans chichi.

À LA CARTE...
Pâté en croûte • Blanquette de veau à l'ancienne • Soufflé caramel

Menu 36 € – Carte 39/70 €

106 rue de la Folie-Méricourt
www.auberge-pyrenees-cevennes.fr
TEL. 01 43 57 33 78
Ⓜ **République**

Fermé 1ᵉʳ-23 août, samedi midi, dimanche

Poissons et fruits de mer • Tendance

CLAMATO

Inspiré des "oyster bars" de la côte Est des États-Unis, cette annexe de Septime doit son nom à un cocktail très populaire au Québec, sorte de Bloody Mary agrémenté d'un jus de palourdes... à découvrir ici, évidemment ! L'endroit a tout du "hit" bistronomique, avec ce décor tendance et cette carte courte qui met en avant la mer et les légumes, avec de jolies influences internationales. Les produits sont choisis avec grand soin et travaillés le plus simplement du monde, puis déclinés dans des assiettes à partager. Attention, la réservation est impossible : premier arrivé, premier servi !

À LA CARTE...
Seiche crue, sésame et piment • Courgette rôtie, graines grillées, tarama • Clamatarte

Carte 35/70 €

80 rue de Charonne
www.clamato-charonne.fr
TEL. 01 43 72 74 53
Ⓜ **Réservation impossibleCharonne**

Fermé 5-25 août

11ᵉ - NATION • VOLTAIRE • RÉPUBLIQUE

M. Bandassak/Clamato

Italienne · Simple

TEMPI LENTI

Francesca Feniello, cheffe originaire de Bologne et Sylvia Giorgione, sommelière, ont transformé un petit bar de quartier proche du cimetière du Père Lachaise en chaleureuse annexe de la Botte. Vingt places à peine, un sol en carreaux de ciment, des chaises bistrot, et dans l'assiette, une cuisine italienne parfumée et appétissante (vitello tonnato ; spaghetti au beurre, anchois et pain ; mousse au chocolat à la fleur de sel et huile d'olive). Les herbes sont fraîches, les pâtes proviennent de petits producteurs des Pouilles, tout cela pour un rapport qualité-prix épatant. Qu'attendez-vous ?

À LA CARTE...
Burrata, sauce tomate, basilic • Cavatelli aux anchois, chou-fleur et olives taggiasche • Chocolat et fraises

Menu 20 € (déjeuner) – Carte 33/36 €

13 rue Gerbier
TEL. 09 81 01 81 10
Ⓜ Philippe Auguste

Fermé mardi, mercredi

Traditionnelle · Convivial

LE VILLARET

Les délicieux parfums qui vous accueillent dès la porte d'entrée ne trompent pas : voici une adresse qui éveille la gourmandise ! Son credo : bien faire, en toute simplicité. Sûre de ses classiques bistrotiers, la cuisine d'Olivier Gaslain est franche et passionnée, fondée sur des produits de qualité, et les saisons : perdreau rôti, carré d'agneau de Lozère en croûte d'herbes et embeurrée de chou vert... Quant à la carte des vins, elle se révèle superbe (plus de 800 références) et compte quelques flacons à prix doux regroupés sous le nom de "médicaments du jour", à l'unisson de l'accueil qui est... aux petits soins.

À LA CARTE...
Bruschetta de sardines, gel citron et légumes croquants • Carré d'agneau de Lozère rôti en croûte d'herbes • Baba au rhum, compotée de reines-claudes, chantilly au poivre Timut

Menu 28 € (déjeuner), 35/60 € – Carte 50/70 €

13 rue Ternaux
TEL. 01 43 57 75 56
Ⓜ Parmentier

Fermé 3-16 août, samedi midi, dimanche

🍇 AC

168

🍴○

Argentine • Convivial

BIONDI

Le talentueux chef a baptisé ce restaurant en souvenir de Pepe Biondi, célèbre clown argentin. L'Argentine est au menu : viandes et poissons cuits a la parrilla,empanadas et ceviche du jour... Des préparations soignées, servies par une équipe efficace. Bons vins et bonne humeur parachèvent le tableau.

Menu 17 € (déjeuner), 22 € – Carte 40/70 €

118 rue Amelot
www.biondiparis.fr
TEL. 01 47 00 90 18
Ⓜ Oberkampf

Fermé dimanche

🍴○

Japonaise • Intime

BON KUSHIKATSU

Pour un voyage express à Osaka, à la découverte de la spécialité culinaire de la ville : les kushikatsu (des minibrochettes panées et frites à la minute). Bœuf au sansho, foie gras poivré, champignon shiitaké : les préparations se succèdent et révèlent de belles saveurs. Et l'accueil délicat finit de transporter au Japon...

Menu 58 €

24 rue Jean-Pierre-Timbaud
www.kushikatsubon.fr
TEL. 01 43 38 82 27
Ⓜ Oberkampf

Fermé 15-31 août, dimanche, mercredi et le midi

A/C

🍴○

Moderne • Design

MAISON Ⓝ

Sota Atsumi, talent brut et CV en or massif (le Clown, Saturne, Toyo, Michel Troisgros à Roanne, etc), nous émeut avec sa cuisine française piquée de modernité, autour d'un menu fixe composé des meilleurs produits du marché. La salle à manger prend des allures de loft post-industriel avec son toit en v inversé, son immense table d'hôte centrale, sa cuisine ouverte, prolongée d'un comptoir. Un vrai bonheur.

Menu 55 € (déjeuner), 90/140 €

3 rue Saint-Hubert
www.maison-sota.com
TEL. 01 43 38 61 95
Ⓜ Rue Saint-Maur

Fermé 3-25 août, lundi, mardi

A/C

🍴○

Moderne • Bistro

MASSALE

Arthur et Thomas, anciens de Zébulon et Pirouette, ont ouvert ensemble ce bistrot sympathique à quelques encablures du Père Lachaise. Marlo, le chef finlandais qui les accompagne, compose une cuisine fraîche et spontanée, virevoltant d'une saison à l'autre ; ça s'accompagne d'une sélection de vins plutôt futée, particulièrement en bio et nature. C'est tout bon.

Menu 23 € (déjeuner) – Carte 30/60 €

5 rue Guillaume-Bertrand
www.massale.fr
TEL. 01 73 79 87 90
Ⓜ Rue Saint-Maur

Fermé samedi, dimanche

Italienne • Osteria

OSTERIA FERRARA

Attention, refuge de gourmets ! L'intérieur est élégant mais c'est dans l'assiette qu'a lieu la magie. Le chef sicilien travaille une carte aux recettes italiennes bien ficelées, goûteuses et centrées sur le produit, ainsi cette longe de veau français à la Milanaise, et sa poêlée d'épinards. Un bistrot qui a une âme et une jolie carte des vins, ce qui ne gâche rien.

Carte 36/50 €

7 rue du Dahomey
www.osteriaferrara.com
TEL. 01 43 71 67 69
Ⓜ Faidherbe Chaligny

Fermé 8-30 août, 21 décembre-6 janvier, samedi, dimanche

Créative • Intime

PIERRE SANG SIGNATURE

Pierre Sang, troisième ! Entre Oberkampf et Parmentier, le chef monte en gamme et régale une poignée de veinards (12 couverts seulement, du mercredi au dimanche) avec des plats "signature" créatifs et percutants, où l'on retrouve sa patte. N'oublions pas la belle carte des vins, ainsi que le décor feutré et élégant.

Menu 35 € (déjeuner), 69 €

8 rue Gambey
www.pierresang.com
TEL. 09 67 31 96 80
Ⓜ Parmentier

Fermé lundi midi, mardi midi

Moderne • Bistro

LE SAINT-SÉBASTIEN

Programme alléchant dans ce bar de quartier transformé en repaire bistronomique : petite carte respectueuse des saisons, très axée sur le végétal, choix judicieux dans les assaisonnements, jolie maîtrise des herbes et des épices qui apportent du caractère aux assiettes... sans oublier de bons vins nature. C'est tout bon.

Menu 24 € (déjeuner) – Carte 42/52 €

42 rue Saint-Sébastien
www.lesaintsebastien.paris
TEL. 06 49 75 27 90
Ⓜ St-Ambroise

Fermé 10-23 août, 23-30 décembre, lundi midi, mardi midi, mercredi midi, samedi midi, dimanche

Moderne • Bistro

LE SERVAN

À l'angle de la rue St-Maur, le fief de Katia et Tatiana Levha est l'un des bistrots gourmands les plus courus de la place parisienne. L'endroit a fière allure, avec ses fresques d'époque ; Tatiana compose une cuisine fraîche et spontanée, et ne rechigne pas à tenter des associations inattendues. Avec succès !

Menu 35/60 €

32 rue Saint-Maur
www.leservan.com
TEL. 01 55 28 51 82
Ⓜ Rue Saint-Maur

Fermé 10-16 août

Moderne • Bistro

LE SOT L'Y LAISSE

Bien sot qui laisserait de côté ce beau bistrot ! Aux fourneaux, Eiji Doihara, originaire d'Osaka, rend un bel hommage à cette gastronomie française qui le passionne : généreuses et gourmandes, ou légères et délicates, ses recettes font mouche à chaque fois. L'adresse remporte un succès mérité.

Menu 28 € (déjeuner) – Carte 53/60 €

70 rue Alexandre-Dumas
TEL. 01 40 09 79 20
Ⓜ Alexandre Dumas

Fermé lundi midi, samedi midi, dimanche

Moderne • Bistro

VANTRE

Le "vantre" au moyen-âge signifiait "lieu de réjouissance". C'est aujourd'hui un lieu de réjouissance pour notre ventre. Ici, deux associés, un chef de cuisine (ancien second de Saturne) et un chef sommelier (le Bristol, Taillevent) proposent une cuisine à base de produits sélectionnés. Plus de deux milles références de vins, accueil sympathique et succès mérité.

Menu 21 € (déjeuner) – Carte 42/80 €

19 rue de la Fontaine-au-Roi
www.vantre.fr
TEL. 01 48 06 16 96
Ⓜ Goncourt

Fermé 1er-25 août, samedi, dimanche

400tmax/iStock

12ᵉ

BASTILLE • BERCY • GARE DE LYON

Menu 70 € (déjeuner),
120/300 € – Carte 70/300 €

3 rue de Prague
www.table.paris
TEL. 01 43 43 12 26
Ⓜ **Ledru Rollin**

Fermé 2-26 août,
22 décembre-5 janvier, lundi midi,
samedi midi, dimanche

Moderne • Design

TABLE - BRUNO VERJUS

Choisir les plus beaux produits, les cuisiner avec
humilité : tel est le credo de Bruno Verjus, étonnant
personnage, entrepreneur, blogueur et critique
gastronomique… devenu chef ! Dans sa cuisine
ouverte face aux clients, qui n'en manquent pas une
miette, il parle de chacun de ses fournisseurs avec
une petite lumière dans l'œil, avec l'apparente envie
de s'effacer devant l'artisan qui a produit la matière de
son travail. La carte, volontairement courte, présente
des compositions atypiques, au plus près des
ingrédients : ormeau de plongée du Trégor snacké au
beurre noisette et assaisonné de fèves de cacao et de
poivre du Bénin ; saumon sauvage de l'Adour grillé
à l'unilatéral, petits pois au sautoir ; fraises de jardin,
huile d'olive infusée de néroli, crème glacée à l'oseille
fraîche… Des recettes pleines d'énergie, où l'on devine
une passion sincère et communicative !

À LA CARTE…
Homard de casier de l'Île-d'Yeu à croquer sur son rocher •
Saint-pierre sauvage en miroir terre-mer • Tarte au chocolat
grand cru porcelana

Moderne • Design

VIRTUS

Bienvenue chez un couple – d'origine japonaise pour elle, argentine pour lui – dont la cuisine, tout en épure et en recherche, a le goût des choses nouvelles. Dans un bel intérieur vintage, aux tables espacées, autorisant l'intimité, ils écrivent à quatre mains une histoire palpitante. Beau travail sur les légumes (leur passage au Mirazur, à Menton, y est peut-être pour quelque chose !), harmonie gustative... Leur cuisine, précise, ravira les palais des gourmets et des curieux, flânant rue de Cotte : thon rouge de ligne, avocat, crème ciboulette ; canard de Challans et purée de petits pois. Ces plats s'accommodent avec excellence des vins - et des sakés - proposés à la carte. La formule de midi (qui change tous les jours) offre un excellent rapport qualité-prix.

À LA CARTE...
Cuisine du marché

Menu 39 € (déjeuner), 75 €

29 rue de Cotte
www.virtus-paris.com
TEL. 09 80 68 08 08
Ⓜ Ledru-Rollin

Fermé lundi, dimanche

A/C

Thomas Duval/Virtus • Thomas Duval/Virtus

Moderne • Vintage

JOUVENCE

Boiseries et étagères façon apothicaire, trancheuse à jambon, petites tables aux plateaux émaillés... Cette ancienne boutique 1900 située non loin de la rue de Cîteaux ne se repose pas sur ses lauriers décoratifs ; on y sert une cuisine actuelle, riche en produits de qualité. Ainsi le bœuf de Salers, poireaux, noisettes, pimprenelle ou la tarte aux figues. Une cuisine savoureuse, que l'on accompagne du très bon pain maison, et d'un verre de vin (forcément) nature. Le jeune chef, passé chez Dutournier et L'Antre Amis n'a rien à envier à ses précédentes adresses : d'adresse, il ne manque pas.

À LA CARTE...

Moules, brocoletti, espuma iodée et citron vert • Bœuf, aubergine fumée, noisettes et jus réduit • Éclair au chocolat, gavottes au sarrasin

Menu 24 € (déjeuner) – Carte 37/49 €

172 bis rue du Faubourg-St-Antoine
www.jouvence.paris
TEL. 01 56 58 04 73
Ⓜ Faidherbe-Chaligny

Fermé 1ᵉʳ-30 août, lundi, dimanche

⭐○

Moderne • Contemporain

LE COTTE RÔTI

Un restaurant à l'image de son chef, convivial et bon vivant, qui revisite avec finesse la tradition bistrotière : au gré du marché et de l'humeur du jour, il compose des plats simples et fins, qui vont droit au cœur ! Et pour accompagner le tout, rien de tel que quelques bons crus de la vallée du Rhône...

Menu 26 € (déjeuner) – Carte 40/70 €

1 rue de Cotte
TEL. 01 43 45 06 37
Ⓜ Ledru Rollin

Fermé 25 avril-3 mai, 1ᵉʳ-23 août, 21 décembre-1ᵉʳ janvier, lundi midi, samedi, dimanche

🐚

⭐○

Créative • Épuré

DERSOU

Un barman expert en cocktails et un chef nippon, Taku Sekine, passé par chez Alain Ducasse à Tokyo, proposent une expérience inédite : associer mets et cocktails, sur 5, 6 ou 7 plats. Les produits sont de première qualité (légumes d'Annie Bertin, agneau acheté sur pied, etc.) et la mixologie tient ses promesses. Belle déco industrielle et ambiance branchée.

Menu 45 € (déjeuner), 95/135 €

21 rue Saint-Nicolas
www.dersouparis.com
TEL. 09 81 01 12 73
Ⓜ Ledru Rollin

Fermé 27 avril-11 mai, 3 août-7 septembre, lundi, mardi midi, mercredi midi, jeudi midi, vendredi midi, dimanche soir

Michelin

Italienne · Contemporain

PASSERINI

Giovanni Passerini a le regard vif, un talent fou, et l'ambition qui va avec. C'est à l'italienne que l'on se régale dans ce restaurant convivial, comme avec ces tripes "cacio e ova" artichauts et truffe blanche. Ici, primauté aux produits. La "spécialité" de la maison demeure les plats à partager - ainsi ce homard en deux services. Sans oublier la formule du samedi soir, centrée autour de petites assiettes. C'est goûteux, soigné. Un vrai plaisir.

Menu 27 € (déjeuner), 48 € –
Carte 50/80 €

65 rue Traversière
www.passerini.paris
TEL. 01 43 42 27 56
Ⓜ Ledru Rollin

Fermé 9-31 août, 23 décembre-2 janvier, lundi, mardi midi, dimanche

 ♿ A/C

Traditionnelle · Bistro

QUINCY

Une ambiance chaleureuse règne dans ce bistrot indémodable, dominé par "Bobosse", son patron truculent et haut en couleurs. Depuis 40 ans (à la louche !), les amateurs de bonne chère s'y régalent des généreuses et savoureuses spécialités du Berry et de l'Ardèche. Une table comme on n'en fait plus.

Carte 55/80 €

28 avenue Ledru-Rollin
www.lequincy.fr
TEL. 01 46 28 46 76
Ⓜ Gare de Lyon

Fermé 3-30 août, lundi, samedi, dimanche

A/C

Moderne · Contemporain

WILL

Le chef japonais Shin Okusa est aux commandes de Will, tout près du trépidant marché d'Aligre. Passionné par la tradition française, véritable disciple d'Escoffier, il reprend les grands classiques (navarin d'agneau, pithiviers de magret de canard) mais aussi les sauces, pâtés chauds et autres tourtes avec un aplomb imparable.

Menu 35 € (déjeuner), 50 €

75 rue Crozatier
TEL. 01 53 17 02 44
Ⓜ Ledru Rollin

Fermé mardi

13ᵉ

PLACE D'ITALIE • GARE D'AUSTERLITZ • BIBLIOTHÈQUE NATIONALE DE FRANCE

Vietnamienne · *Simple*

PHO TAI

Dans une rue isolée du quartier asiatique, ce restaurant vietnamien opère derrière une façade très discrète... mais la délicieuse odeur qui en émane devrait vous signaler sa présence ! Tout le mérite en revient à son chef et patron, Monsieur Te, arrivé en France en 1968 et fort bel ambassadeur de la cuisine du Vietnam. Raviolis, rouleaux de printemps, poulet croustillant au gingembre frais et ciboulette, marmite au jus de coco, bo bun et soupes phô : tout est parfumé et plein de saveurs... Conséquence logique : la petite salle – où Madame Te et sa fille assurent un accueil charmant – est rapidement pleine.

À LA CARTE...

Rouleau de printemps au bœuf • Poulet croustillant, gingembre, marmite au jus de coco • Crème de riz

Carte 25/35 €

13 rue Philibert-Lucot
TEL. 01 45 85 97 36
Ⓜ Maison Blanche

A/C

Chinoise · *Simple*

IMPÉRIAL CHOISY

D'appétissants canards laqués suspendus en vitrine donnent tout de suite le ton et l'ambiance de ce restaurant : vous êtes au cœur du Chinatown parisien. Destination : la cuisine cantonaise avec ses nombreuses spécialités, réalisées ici dans les règles de l'art. Salade de méduse, poulet au gingembre et à la ciboulette, canard laqué aux cinq parfums... Les assiettes sont généreuses, les produits frais et parfumés. Pas de fioritures inutiles dans la salle blanche qui ne désemplit pas (service non-stop, voire un peu expéditif !) et où l'on mange au coude-à-coude. Un vrai goût d'authenticité, sans se ruiner.

À LA CARTE...

Soupe de raviolis aux crevettes • Canard laqué aux cinq parfums • Haricots rouges au lait de coco

Carte 20/50 €

32 avenue de Choisy
TEL. 01 45 86 42 40
Ⓜ Porte de Choisy

A/C

Olivier Decker/Michelin

😋
Créative • Bistro

TEMPERO

Un bistrot fort sympathique, qui booste littéralement ce quartier plutôt calme, entre la Pitié-Salpêtrière et la BNF ! Il doit beaucoup à la personnalité de sa cheffe, Alessandra Montagne, originaire du Brésil et passée par des tables aussi séduisantes que Ze Kitchen Galerie et Yam'Tcha. Ici chez elle, en toute décontraction, elle cuisine au gré du marché de beaux produits frais, signant des recettes vivifiantes à la croisée de la France, du Brésil évidemment, mais aussi de l'Asie. Un joli métissage qui cultive l'essentiel : de suaves parfums... Un concept mi-bistrot, mi-cantine qui fait mouche.

À LA CARTE...
Maquereau fumé et légumes croquants du moment • Porc confit, céleri rave fumé au foin • Pannacotta vanille et fruit de la passion

Menu 26 € (déjeuner), 28/45 €

5 rue Clisson
www.tempero.fr
TEL. 09 54 17 48 88
Ⓜ **Chevaleret**

Fermé 1er-23 août, 25-31 décembre, lundi soir, mardi soir, mercredi soir, samedi midi, dimanche midi

🍴◯
Méditerranéenne • Branché

MARSO & CO

Tomy Gousset (Tomy & Co, près des Invalides) tient ici une table avant tout voyageuse : l'assiette pioche dans tout le bassin méditerranéen, de la Grèce au Portugal en passant par l'Italie et le Liban. Le résultat est réjouissant, les saveurs font mouche, la fraîcheur est au rendez-vous : on passe un bon moment.

Menu 36 €

16 rue Vulpian
TEL. 01 45 87 37 00
Ⓜ **Glacière**
Fermé samedi, dimanche

━━━━━━━━

🍴◯
Moderne • Bistro

SELLAE

Après Mensae dans le dix-neuvième arrondissement (table en latin), voilà Sellae (chaise), la nouvelle adresse de Thibault Sombardier, étoilé chez Antoine (Paris 16). Son chef italien propose une cuisine moderne, qui louche vers l'Italie, à l'instar de la sardine "Saor", polenta croustillante et oignons frits. En dessert, ce jour-là, une généreuse mousse au chocolat proposée tiède. De beaux produits, un savoir-faire certain.

Menu 22 € (déjeuner), 36 € – Carte 41/62 €

18 rue des Wallons
www.sellae-restaurant.com
TEL. 01 43 31 36 04
Ⓜ **Saint-Marcel**

Fermé 2-25 août, lundi, dimanche

Moderne • Cosy

SOURIRE LE RESTAURANT

Cette façade avenante dans une rue tristounette redonne le sourire. Banquettes en velours bleu, tables bistrot retro, producteurs au cordeau (Saint-Jacques de Saint-Brieux, agneau de Clavisy) : la recette est efficace et éprouvée. On trouve même la Georgette (cuillère à dessert tendance), comme à l'Elysée !

Menu 35 € (déjeuner), 68 € –
Carte 55/65 €

15 rue de la Santé
www.sourire-restaurant.com
TEL. 01 47 07 07 45
Ⓜ Gobelins

Fermé lundi, dimanche

AC

I. Rasmussen/Axiom/Design Pics/Photononstop

14e

MONTPARNASSE • DENFERT-ROCHEREAU • PARC MONTSOURIS

Menu 55 € (déjeuner), 90/125 €

11 rue Raymond-Losserand
www.cobea.fr
TEL. 01 43 20 21 39
Ⓜ **Gaité**

Fermé 27 juillet-24 août,
21-28 décembre, lundi, dimanche

❀ A/C

❀

Moderne • Élégant

COBÉA

Cobéa ? Une plante d'Amérique du Sud et un clin d'œil aux propriétaires : Co comme Jérôme Cobou en salle, Bé comme Philippe Bélissent aux fourneaux et A comme Associés. Ces deux passionnés, complices depuis plus de quinze ans, partagent une vision exigeante de la gastronomie française, entre classicisme et ouverture à toutes les influences. Aux fourneaux, Philippe cuisine surtout pour faire plaisir à ses clients – une tradition bien française –, à l'image de sa petite tartelette à l'encre de seiche, garnie de fenouil et des coquillages du moment. Son enfance voyageuse lui a inspiré un succulent agneau confit au four comme un tajine, servi entre deux tuiles de semoule avec ses citrons confits, ses herbes et sa sauce harissa maison. Co comme Contentement, Bé comme Béatitude et A comme Allez-y sans tarder !

À LA CARTE...
Courgette de chez Bruno Cayron • Volaille, gnocchis à la truffe noire et parmesan • Abricots rôtis, glace au lait d'amande et pain d'épice maison

Moderne • Convivial

AUX PLUMES

Derrière la façade discrète, une salle de poche (20 couverts seulement) joliment décorée : parquet à grosses lattes, tables en bois... et une cuisine ouverte permettant d'admirer le travail du jeune chef japonais, passé par l'Astrance et le Chamarré Montmartre. Avec les meilleurs produits des fournisseurs du voisinage, il compose des plats inspirés, généreux et goûteux, où la tradition française est célébrée avec une précision toute nippone... On se régale au coude à coude, dans une ambiance franchement conviviale : allez-y les yeux fermés.

À LA CARTE...
Cuisine du marché

Menu 32 € (déjeuner), 38/60 €

45 rue Boulard
www.auxplumes.com
TEL. 01 53 90 76 22
Ⓜ Mouton Duvernet

Fermé 1ᵉʳ-31 août, lundi, dimanche

A/C

Moderne • Bistro

BISTROTTERS

Une bien jolie maison que ce Bistrotters installé dans le sud du 14ᵉ, près du métro Plaisance. À la lecture de la carte, une irrépressible fringale nous saisit : cromesquis de confit de canard, crème de parmesan et jeunes pousses de salade, ou encore croustillant de poitrine de cochon au fenouil et au cidre... On célèbre ici la bistronomie et l'épicurisme avec des plats gourmands et travaillés et de beaux produits : on privilégie les petits producteurs d'Île-de-France, ce qui fait toute la différence. Quant au cadre, il joue – tiens donc ! – la carte du bistrot décontracté... et ça marche !

À LA CARTE...
Déclinaison de légumes du moment • Croustillant de poitrine de cochon au fenouil et cidre • Pain perdu, caramel au beurre salé, chocolat croquant

Menu 23 € (déjeuner), 37 €

9 rue Decrès
www.bistrotters.com
TEL. 01 45 45 58 59
Ⓜ Plaisance

Fermé 24-31 décembre

A/C

Classique · Bistro
L'ASSIETTE

Une adresse franche et généreuse où l'on peut voir ce qui se trame en cuisine. Cassoulet maison, crevettes bleues obsiblue façon tartare, crème caramel au beurre salé, soufflé au chocolat... La cuisine de tradition prend l'accent bistrot chic.

Menu 35 € (déjeuner) – Carte 48/75 €

181 rue du Château
www.restaurant-lassiette.com
TEL. 01 43 22 64 86
Ⓜ Mouton Duvernet

Fermé 3-30 août, 23 décembre-3 janvier, lundi, mardi

Moderne · Bistro
AUX ENFANTS GÂTÉS

Aux murs, des citations de grands chefs et quelques recettes montrent que le patron est allé à bonne école... Il revisite la tradition de belle manière, avec l'appui des bons produits de la saison. Une jolie petite maison.

Menu 37 €

4 rue Danville
www.auxenfantsgates.fr
TEL. 01 40 47 56 81
Ⓜ Denfert Rochereau

Fermé 8-15 février, 1ᵉʳ-31 août, 23 décembre-7 janvier, lundi, samedi midi, dimanche

A/C

Traditionnelle · Bistro
BISTROT AUGUSTIN

Ce bistrot chic, au cadre intimiste, propose une cuisine du marché (et de saison) aux accents du sud, qui réveille la gourmandise. Un exemple : cette superbe côte de cochon du Périgord... Les produits sont ici à la fête, et nos appétits avec !

Menu 39 €

79 rue Daguerre
www.augustin-bistrot.fr
TEL. 01 43 21 92 29
Ⓜ Gaîté

Fermé dimanche

A/C

Moderne · Convivial
LE CETTE

"Cette", c'est l'ancienne graphie de Sète et... l'hommage du patron à sa ville d'origine. Il a confié les fourneaux de son restaurant à une équipe japonaise pleine d'allant, qui réalise une merveille de cuisine française : carré de veau, rattes et truffes d'été ; turbot rôti et bouillon de mer... Savoureux et joliment mis en scène.

Menu 35 € (déjeuner), 48/60 €

7 rue Campagne-Première
www.lecette.fr
TEL. 01 43 21 05 47
Ⓜ Raspail

Fermé 1ᵉʳ-23 août, samedi, dimanche

¶○
Moderne • Bistro

LE CORNICHON

L'affaire de deux passionnés : le premier, ingénieur informatique depuis toujours épris de restauration ; le second, chef formé à bonne école. Ensemble, ils ont créé ce bistrot bien d'aujourd'hui. Beaux produits, jolies recettes, riches saveurs, etc. : ce Cornichon est plein de croquant et de peps !

Menu 35 € (déjeuner), 42 €

34 rue Gassendi
www.lecornichon.fr
TEL. 01 43 20 40 19
Ⓜ Denfert Rochereau

Fermé 1er-31 août, 23 décembre-5 janvier,
samedi, dimanche

¶○
Traditionnelle • Élégant

KIGAWA

Kigawa comme Michihiro Kigawa, le chef de cet établissement tout simple. Fort de son expérience dans un restaurant français à Osaka, le voilà à Paris pour vous régaler de pâté en croûte, pigeon rôti et autres beaux classiques de l'Hexagone, revisités avec tact. Bon rapport qualité-prix à midi.

Menu 35 € (déjeuner), 65/100 € –
Carte 65/140 €

186 rue du Château
www.kigawa.fr
TEL. 01 43 35 31 61
Ⓜ Mouton Duvernet

Fermé 1er-15 août, lundi, dimanche

Ⓐ/C

¶○
Poissons et fruits de mer • Vintage

LE DUC

On se croirait dans une cabine de yacht, à l'ambiance surannée... Une large clientèle d'habitués de longue date affectionne l'adresse pour ses produits de la mer cuisinés avec soin et simplicité – un beurre émulsionné, une huile d'olive bien choisie, etc. – afin d'en révéler toute la fraîcheur. Un classique.

Menu 60 € (déjeuner) – Carte 80/200 €

243 boulevard Raspail
www.restaurantleduc.com
TEL. 01 43 20 96 30
Ⓜ Raspail

Fermé 2-24 août, lundi, dimanche

Ⓐ/C

¶○
Moderne • Épuré

MONTÉE

Quand un chef japonais talentueux décide de partager son amour de la gastronomie française, le résultat est là : assiettes graphiques, technique solide... Le tout dans un décor design et minimaliste.

Menu 40 € (déjeuner), 105 €

9 rue Léopold-Robert
www.restaurant-montee.fr
TEL. 01 43 25 57 63
Ⓜ Notre-Dame-des-Champs

Fermé lundi, dimanche

Ⓐ/C

15ᵉ

PORTE DE VERSAILLES
• VAUGIRARD •
BEAUGRENELLE

Moderne • Épuré

NEIGE D'ÉTÉ

Neige d'Été… Un nom d'une poésie toute japonaise, et pour cause : l'adresse est l'œuvre d'un jeune chef nippon, Hideki Nishi, entouré d'une équipe venue elle aussi du pays du Soleil-Levant. Un nom en figure d'oxymore, surtout, qui annonce des jeux de contraste et une forme d'épure : telle est en effet la marque du cuisinier, formé chez Taillevent et au George V, à Paris. Précision toute japonaise et répertoire technique hautement français s'allient donc à travers des recettes finement ciselées et subtiles, privilégiant les arrivages directs de Bretagne pour les légumes et les poissons, et les cuissons au charbon de bois pour les viandes. Un travail en justesse et en contrepoints, qui brille comme la neige en été…

Menu 55 € (déjeuner), 100/185 €

12 rue de l'Amiral-Roussin
www.neigedete.fr
TEL. 01 42 73 66 66
Ⓜ Avenue Émile Zola

Fermé 15-31 août, lundi, dimanche

A/C

À LA CARTE…
Beignet et tartare de thon • Cochon ibérique grillé au charbon de bois japonais • Parfait à l'abricot et à la cardamome

❀

Moderne · Contemporain

PILGRIM

On doit à Hideki Nishi (propriétaire de Neige d'Été cette table à deux rues de la gare Montparnasse. C'est Terumitsu Saito qui en tient les rênes. Dans une cuisine centrale et légèrement surélevée, il esquisse des plats raffinés et délicats, tels de véritables petits tableaux de maître entre France et Japon : au hasard de notre repas, œuf parfait au wasabi, purée de mizuna et gelée au dashi, ou bien tataki de veau cuit au foin, coulis de cresson et daikon mariné... C'est un pur régal, une partition précise et inspirée, mais on aurait tort d'être surpris étant donné le parcours impeccable du chef – Mandarin Oriental et Grand Véfour, pour les plus emblématiques. Plus qu'un simple pèlerin, un futur lieu de pèlerinage ?

Menu 45 € (déjeuner), 100/150 €

8 rue Nicolas-Charlet
www.pilgrimparis.com
TEL. 01 40 29 09 71
◎ Pasteur

Fermé 1ᵉʳ-15 août, samedi, dimanche

A/C

À LA CARTE...
Émietté de crabe et gelée de dashi • Cochon ibérique et décli-naison de carottes • Riz au lait au saké

Moderne · Contemporain
L'ANTRE AMIS

À la limite des 7e et 15e arrondissements, au rez-de-chaussée d'un bel immeuble, on découvre cet Antre dont le chef-patron assure la cuisine avec passion. Il fait trois fois par semaine son marché directement à Rungis, sélectionnant d'excellents produits (viandes, poissons, coquillages...), qui constituent la matière première d'assiettes soignées, exécutées avec précision. Des saveurs franches déclinées dans une carte hyper-courte et accompagnées d'une belle sélection de vins – environ 150 références.

À LA CARTE...
Œuf cuit nacré, émulsion de pomme de terre à l'huile d'olive • Noix de Saint-Jacques et palourdes, raviole de panais au sarrasin, bouillon à la coriandre • Clémentine confite, crème à la fève tonka

Menu 38/54 € – Carte 50/65 €

9 rue Bouchut
www.lantreamis.com
TEL. 01 45 67 15 65
Ⓜ Ségur

Fermé 1er-10 janvier, 1er-31 août, samedi, dimanche

Moderne · Branché
BISCOTTE

Maximilien et Pauline, deux habitués des maisons parisiennes les plus prestigieuses (Bristol, Lasserre, Arpège, George V), ont choisi cette rue près de la porte de Versailles pour voler enfin de leur propres ailes. Petit aperçu des réjouissances : intérieur de bistrot dans son jus, verrière façon atelier donnant sur la cuisine, et dans l'assiette des préparations du marché, goûteuses et appliquées, qui évoluent au gré des saisons et des approvisionnements. Lui (au salé), elle (au sucré) ont toujours à cœur de favoriser les produits locaux ou les producteurs artisanaux. Le week-end, le brunch est convivial et généreux. Un coup de cœur.

À LA CARTE...
Ravioles de langoustine, citronnelle, émulsion au citron kaffir • Agneau de lait de l'Aveyron à la sarriette • Biscuit verveine, rhubarbe, fraises en compotée et sorbet

Menu 38/49 €

22 rue Desnouettes
www.restaurant-biscotte.com
TEL. 01 45 33 22 22
Ⓜ Convention

Fermé 24 juillet-18 août,
23 décembre-5 janvier, lundi, samedi soir, dimanche soir

L'Antre Amis • Morgan Rivalin/Biscotte

Traditionnelle • Bistro

LE CASSE NOIX

À moins de faire un tour à la maison de la culture du Japon, on n'avait que peu de raisons de traverser la tranquille rue de la Fédération... Et puis est arrivé le Casse Noix. En entrant, on est saisi par l'ambiance conviviale et les chaleureuses tablées au coude-à-coude ; le regard s'attarde sur les murs tapissés d'affiches anciennes, et sur les meubles garnis de vieilles pendules et d'objets rétro... Côté petits plats, l'authenticité prime aussi : délicieuse cuisine canaille, dont boudins blancs et pâtés en croûte, inspiré au chef par son papa, Meilleur Ouvrier de France à Orléans...

À LA CARTE...
Terrine de pintade, salade d'endives, noisettes et raisins • Joues de bœuf, légumes d'un bourguignon, jus au vin rouge • Riz au lait

Menu 35 €

56 rue de la Fédération
www.le-cassenoix.fr
TEL. 01 45 66 09 01
Ⓜ Bir-Hakeim

Fermé 1ᵉʳ-24 août, 24 décembre-3 janvier, samedi, dimanche

Traditionnelle • Bistro

LE RADIS BEURRE

Joli parcours que celui de Jérôme Bonnet : natif de Narbonne, il a perfectionné son art dans des maisons aussi prestigieuses que le Pavillon Ledoyen et le Relais Bernard Loiseau. C'est boulevard Garibaldi, à Paris, qu'il a trouvé l'endroit dont il rêvait pour monter son propre restaurant. Dans un cadre de bistrot sans fioritures, il propose une cuisine goûteuse et bien ficelée, parfois canaille, qui porte la marque de ses origines sudistes : pied de cochon poêlé au foie gras de canard et jus de viande acidulé, ou encore tête de veau poêlée, marmelade de pomme de terre... Petite terrasse sur le boulevard.

À LA CARTE...
Pied de cochon poêlé au foie gras de canard, jus de viande acidulé • Poitrine de volaille fermière, pleurotes sautées • Riz au lait de ma grand-mère "Rosa"

Menu 37 € – Carte 37/45 €

51 boulevard Garibaldi
www.restaurantleradisbeurre.com
TEL. 01 40 33 99 26
Ⓜ Sèvres Lecourbe

Fermé 24 juillet-17 août, 23 décembre-1ᵉʳ janvier, samedi, dimanche

¶○

Moderne • Bistro

L'ACCOLADE

Le jeune chef, qui se destinait d'abord à une carrière de professeur de sport, a changé de cap et appris le métier de cuisinier. Dans une ambiance franchement conviviale, il propose une cuisine goûteuse, renouvelée chaque jour, dans laquelle on croise de nombreux produits du Sud-ouest, mais aussi quelques épices thaïes. Une adresse attachante.

Menu 25 € (déjeuner), 35 € –
Carte 35/60 €

208 rue de la Croix-Nivert
www.laccoladeparis.fr
TEL. 01 45 57 73 20
Ⓜ Boucicaut

Fermé 2-8 avril, 25 juillet-18 août,
25 décembre-5 janvier, lundi, dimanche

¶○

Traditionnelle • Bistro

BEURRE NOISETTE

Un bistrot savoureux, bien connu des habitués ! Thierry Blanqui puise son inspiration au marché : tarte aux cèpes ; canette de Challans rôtie sur l'os, épinards et coing ; Mont-blanc et de belles recettes canailles ! Un pied dans la tradition, l'autre dans la nouveauté : on se délecte... Une valeur sûre.

Menu 34 € (déjeuner), 42/60 € –
Carte 38/51 €

68 rue Vasco-de-Gama
www.restaurantbeurrenoisette.com
TEL. 01 48 56 82 49
Ⓜ Lourmel

Fermé 9-24 août, lundi, dimanche

¶○

Cuisine du marché • Bistro

CAFÉ NOISETTE Ⓝ

Cuisine du marché à l'ardoise le midi (tartare de thon, coriandre et guacamole ; épaule d'agneau confite au citron), assiettes façon tapas et plats à partager le soir (mention spéciale pour le pâté en croûte) dans ce bistrot signé Thierry Blanqui (qui a déjà démontré son savoir-faire au Beurre Noisette) avec Noeline Imbert aux manettes. Prix sages.

Menu 28 € (déjeuner) – Carte 30/50 €

74 rue Olivier-de-Serres
lecafenoisette.com
TEL. 01 45 35 86 21
Ⓜ Convention

Fermé samedi, dimanche

¶○

Libanaise • Chic

LE CHERINE

Ce restaurant est une jolie histoire de famille, autour d'un duo père-fille, dont le nom, Cherine, a inspiré celui de l'établissement. On déguste une savoureuse cuisine libanaise dans un décor moderne (taboulé persillé, moutabal d'aubergine etc.), préparé avec minutie par un chef inspiré. Sans oublier un délicieux baklawa, en dessert !

Menu 18 € (déjeuner), 39 € –
Carte 35/50 €

74 rue de la Croix-Nivert
TEL. 01 53 61 92 52
Ⓜ Commerce

Fermé lundi

A/C 🪑

Traditionnelle · Bistro

LE GRAND PAN

Un bistrot de quartier qu'aurait pu fréquenter Georges Brassens, qui habita tout près. À l'ardoise, de belles pièces de viande à partager, une cuisine généreuse et calquée sur les saisons, parsemée de produits de qualité : homard, Saint-Jacques, cèpes... sans oublier le gibier en saison.

Menu 30 € (déjeuner) – Carte 37/55 €

20 rue Rosenwald
www.legrandpan.fr
TEL. 01 42 50 02 50
Ⓜ **Plaisance**

Fermé 3-23 août, samedi, dimanche

Moderne · Bistro

IDA BY DENNY IMBROISI

Petite par la taille... mais grande par sa cuisine ! Dans un décor moderne, une cuisine inspirée du marché, qui parle l'italien sans accent : goûts francs, produits choisis, et spaghettoni alla carbonara, jaune d'œuf coulant, de haute volée. Un plaisir fou de bout en bout.

Menu 30 € (déjeuner), 44/70 € – Carte 42/55 €

117 rue de Vaugirard
www.restaurant-ida.com
TEL. 01 56 58 00 02
Ⓜ **Falguière**

Fermé 22 décembre-2 janvier, dimanche

A/C

Moderne · Bistro

LES PÈRES SIFFLEURS

En face de l'église Saint-Lambert de Vaugirard où Truffaut a tourné la scène principale de "La mariée était en noir" en 1967, ce bistrot, sympathique et vintage comme il se doit (comptoir en zinc, banquettes et fauteuils en skaï rouge) propose une cuisine du marché goûteuse, interprétée avec talent par un jeune chef. Menu déjeuner, ardoise le soir, courte carte de vins axée "nature".

Menu 25 € (déjeuner) – Carte 38/46 €

15 rue Gerbert
www.lesperessiffleurs.com
TEL. 01 48 28 75 63
Ⓜ **Vaugirard**

Fermé 2-24 août, lundi, dimanche soir

Traditionnelle · Bistro

LE TROQUET

Le "troquet" dans toute sa splendeur : décor bistrotier authentique, banquettes en moleskine, ardoises, miroirs, petites tables invitant à la convivialité. Quant à l'ardoise, elle varie les plaisirs : terrine de cochon, tartare de Saint-Jacques, tagliatelles fraîches à la truffe noire...

Menu 34 € (déjeuner), 35/42 €

21 rue François-Bonvin
www.restaurantletroquet.fr
TEL. 01 45 66 89 00
Ⓜ **Cambronne**

Fermé 3-23 août, lundi, dimanche

16e

TROCADÉRO •
ÉTOILE • PASSY •
BOIS DE BOULOGNE

Menu 140 € (déjeuner),
230/290 € – Carte 260/320 €

**Route de Suresnes - Bois de
Boulogne**
www.precatelanparis.com
TEL. 01 44 14 41 14

Fermé 9-24 février, 2-24 août,
25 octobre-2 novembre, lundi,
dimanche

✿✿✿

Créative · Luxe

LE PRÉ CATELAN

On doit à Pierre-Yves Rochon d'avoir révolutionné
ce pavillon Napoléon III niché en plein cœur du bois
de Boulogne, à grand renfort de mobilier design et
de tons vert, blanc et argent. Aux commandes de
cette illustre maison, on trouve un Meilleur Ouvrier
de France à la passion intacte : Frédéric Anton. De
ses mentors (dont Joël Robuchon), le chef a hérité
la précision et la rigueur, auxquelles s'ajoute un goût
certain pour les associations de saveurs inédites.
Souvent centrées sur un produit de choix (le rouget,
la morille, le pigeonneau, la langoustine), les assiettes
allient équilibre, harmonie, générosité : chacune
d'entre elles est un petit bijou de travail, jusque dans
sa conception graphique. N'oublions pas, bien sûr, la
cave irréprochable et l'accueil au diapason.

À LA CARTE...
Langoustine préparée en ravioli au foie gras, fine gelée à la
feuille d'or • Saumon fumé au bois de cerisier, crème de wasabi, biscuit et fleur de courgette • Pomme soufflée croustillante, crème glacée au caramel, cidre et sucre pétillant

Moderne · Luxe

L'ABEILLE

Si le Shangri-La était un paquebot, L'Abeille serait la cabine de pilotage. Le "restaurant français" de ce superbe palace parisien né au début des années 2010, tire son appellation de l'emblème napoléonien – Napoléon devient empereur vêtu d'un manteau brodé de 1 500 abeilles d'or. Bannière de l'Empire, au même titre que l'aigle, elle remplace la fleur de lys.

Moquette sombre, nuances de jaune et de gris clair, tables dressées avec soin et, çà-et-là, le motif de l'insecte rappelant les fastes de l'Empire : après tout, ne sommes-nous pas dans l'ancienne demeure du prince Roland Bonaparte ?

Ici, le capitaine de vaisseau s'appelle Christophe Moret, ancien élève de Jacques Maximin, et adoubé par Alain Ducasse, dont il dirigera les cuisines du Plaza Athénée sept années durant : "L'Abeille, répète-t-il, est un restaurant dans un palace, pas un restaurant de palace." Araignée de mer rafraîchie à la tomate et au gingembre, sabayon coraillé ; homard et coque d'amande en cocotte lutée, pêche au parfum de sangria ; miel du maquis corse givré aux parfums de citron et d'eucalyptus - produits, saveurs, technicité, service distingué : tout est maîtrisé.

Menu 230/295 € –
Carte 170/240 €

10 avenue d'Iéna
www.shangri-la.com/fr/paris/
shangrila/
TEL. 01 53 67 19 90
Ⓜ **Iéna**

Fermé lundi, dimanche et le midi

À LA CARTE...

Oursin et caviar en délicate royale • Homard en cocotte • Miel du maquis corse givré au parfum de cédrat et d'eucalyptus

Menu 95 € (déjeuner), 250 €

4 rue Beethoven
www.astrancerestaurant.com
TEL. 01 40 50 84 40
Ⓜ Passy

Fermé 26 juillet-24 août,
21 décembre-4 janvier, lundi,
samedi, dimanche

🍇 A/C

❀❀
Créative • Épuré

ASTRANCE

Bienvenue chez Pascal Barbot, ancien disciple d'Alain Passard, qui ajoute à la précision végétale du maître de l'Arpège sa passion pour l'Asie, assortie d'une insatiable curiosité. De fait, le chef n'a jamais cessé d'être un précurseur : sa cuisine, établie en fonction du marché et de ses humeurs personnelles, s'en va chercher l'inspiration partout où elle se trouve, du street-food à la grande cuisine classique. Un soir chez Pascal Barbot, c'est l'assurance d'un voyage et d'un festin – surtout lorsqu'il s'accompagne de vins issus de la superbe cave. Ajoutez à cela un service professionnel et discret, en parfaite harmonie avec la philosophie des lieux. Au cours de l'année 2020, Astrance devrait déménager au 32 rue de Longchamp, adresse rendue célèbre par Joël Robuchon.

À LA CARTE...

Ceviche de moules, lait de coco et jus de céleri branche • Rouget vapeur, beurre blanc, sauce soja et riz koshihikari • Tartelette rhubarbe, fraise-framboise et mousse au jasmin

Astrance • Astrance

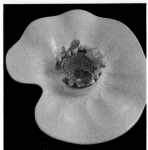

Créative · Élégant

ALAN GEAAM

On parle toujours du rêve américain... Alan Geaam, lui, préfère parler du rêve français ! Enfui de son Liban natal à l'âge de 10 ans, réfugié aux États-Unis avec sa famille, il a débarqué à Paris à 24 ans avec une idée en tête : intégrer le monde de la gastronomie, sa véritable passion. Successivement plongeur, puis commis, il intègre une école de cuisine et gravit un à un les échelons du métier. Avec l'ouverture de ce restaurant dans la rue Lauriston (anciennement Akrame), il éclate au grand jour et réalise la synthèse de ce qu'il a appris tout au long de son parcours. Ses recettes originales marient le patrimoine français et des influences libanaises avec une grande justesse – le terme de "métissage" n'a jamais été aussi approprié –, et chaque assiette respire la passion et le travail. Une bien belle table.

Menu 48 € (déjeuner), 80/100 €
19 rue Lauriston
www.alangeaam.fr
TEL. 01 45 01 72 97
Ⓜ Charles de Gaulle-Etoile
Fermé lundi, dimanche

A/C

À LA CARTE...
Asperge verte, soudjouk et œuf de caille • Pigeon en deux textures à la mélasse de grenade • Lait-miel de mon enfance

Menu 49 € (déjeuner),
120/160 € – Carte 120/175 €

10 avenue de New-York
www.antoine-paris.fr
TEL. 01 40 70 19 28
Alma Marceau

Fermé 8-25 août, 21-28 décembre,
lundi, dimanche

Moderne · Élégant

ANTOINE

Le chef Thibault Sombardier est à la barre de ce haut lieu de la cuisine de la mer à Paris. La carte change chaque jour pour offrir le meilleur de la marée, en liaison directe avec les ports bretons, vendéens, basques ou méditerranéens. En cas d'arrivage surprise, on pourra même vous proposer quelques suggestions de dernière minute ! On se régale donc pour ainsi dire au gré des vagues... Que les carnivores se rassurent, un petit choix de viandes est prévu rien que pour eux – sans parler des très alléchants desserts. Le chef a l'amour de l'excellent produit et des belles saveurs, qu'il sait exalter avec finesse et inventivité. Une salle agréable, baignée de lumière et sobrement décorée, permet de les apprécier à leur juste valeur. N'hésitez pas à venir à midi : le menu déjeuner se révèle d'un excellent rapport qualité-prix.

À LA CARTE...

Pétales de champignons en fine fleur, tranche de mulet mariné et concombre acide, lait fumé au caviar • Sole grillée aux girolles, vin jaune et sucs des têtes • Soufflé au chocolat, crème glacée au sarrasin

❀

Créative • Épuré

L'ARCHESTE

Devanture engageante et cadre épuré (peinture sombre effet brossé, structure en bois, grande vitre apportant de la luminosité) pour ce restaurant imaginé par un chef passionné de produit qui a officié dix-huit ans chez Hiramatsu, dont dix en tant que chef. Il émerveille son monde avec une cuisine française éclatante de modernité, précise et cohérente, qui fait la part belle à des produits d'excellente qualité tout en épousant les saisons de fort belle manière. Pas de carte ici : les menus (3 ou 6 temps à midi, 7 le soir) évoluent chaque jour au gré des humeurs du chef.

Au fait, pourquoi l'Archeste ? Dans ce nom, il faut voir un double hommage. À Alain Senderens, d'abord et à son restaurant L'Archestrate, mais aussi un savant mélange d'artiste, d'artisanal, d'orchestre et d'art. Au final, l'important, c'est qu'on s'y régale... et figurez-vous que c'est le cas.

À LA CARTE...

Huîtres de Normandie et tartare de veau • Pigeon rôti, sauce cacao • Vacherin aux fraises

Menu 52 € (déjeuner), 110/180 €

79 rue de la Tour
www.archeste.com
TEL. 01 40 71 69 68
Ⓜ Rue de la Pompe

Fermé 16-24 février, 2-31 août, lundi, samedi midi, dimanche

🕸 ♿ ⒶⒸ

Menu 140 € – Carte 92/144 €

31 Avenue de Versailles
www.comice.paris
TEL. 01 42 15 55 70
Ⓜ **Mirabeau**

Fermé 5-20 avril, 26 juillet-17 août,
20 décembre-4 janvier, lundi,
dimanche et le midi

A/C

Moderne • Élégant

COMICE

Un couple de Canadiens, Noam Gedalof de Montréal et Etheliya Hananova de Winnipeg, a eu l'excellente idée d'ouvrir leur premier restaurant à Paris, après de belles expériences internationales : le chef – ancien du French Laundry, en Californie – s'inspire des bases de la cuisine française, qu'il saupoudre de modernité. Son obsession : mettre en valeur des produits de la saison avec le plus grand soin, et renouveler sa carte au gré de ses trouvailles. Cette séduisante partition se déguste dans une jolie salle moderne aux murs bleu profond, agrémentés de tableaux d'artistes contemporains (avec une cuisine ouverte au fond de la salle). L'ensemble est élégant et feutré. Une séduisante cuisine, lisible et pleine de gourmandise.

À LA CARTE...

Carpaccio de noix de Saint-Jacques, main de bouddha, cédrat confits, radis et fenouil • Veau tigre, artichauts, haricots et jus de veau • Soufflé au chocolat et glace à la vanille

Marie Hennechart/Comice • Michelin

❀

Moderne · Élégant

ÉTUDE

Une signature contemporaine, une ode à la simplicité et à l'épure : ces mots font figure d'évidence lorsque l'on découvre les créations du chef, Keisuke Yamagishi. Il a choisi de nommer son restaurant "Étude", en hommage à la musique de Frédéric Chopin – une passion –, mais aussi parce que c'est ainsi qu'il considère son travail : une recherche inlassable sur cette matière toujours vivante qu'est la gastronomie. Nourri par ses rencontres avec des petits producteurs, par la découverte de produits venus de loin – poivre de Taiwan aux notes d'agrumes, baies iraniennes –, porté enfin par son double héritage culinaire – France et Japon –, il cuisine ici tel un funambule, au gré de menus "Symphonie", "Ballade", "Prélude"... une jolie leçon d'harmonie ! Superbe.

À LA CARTE...
Croquette de caviar impérial • Canard de Challans • Déclinaison de chocolats grands crus

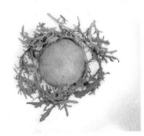

Menu 45 € (déjeuner), 80/130 €

14 rue du Bouquet-de-Longchamp
www.restaurant-etude.fr
TEL. 01 45 05 11 41
Ⓜ Boissière

Fermé 1ᵉʳ-6 janvier,
16 février-9 mars, 2-24 août, lundi,
samedi midi, dimanche

🞨 [AK]

Menu 89/192 € –
Carte 172/216 €

Bois de Boulogne
www.restaurantsparisiens.com
TEL. 01 45 27 33 51

Fermé 21 décembre-12 janvier

Moderne · Classique

LA GRANDE CASCADE

Transformé en restaurant pour l'Exposition universelle de 1900, le restaurant mêle les styles Empire, Belle Époque et Art nouveau : un charme incomparable se dégage de la rotonde, aménagée sous une grande verrière, et de la magnifique terrasse. La clientèle d'affaires vient y respirer le chic du Paris d'autrefois et l'air de la campagne en plein bois de Boulogne. Georges Menut veille amoureusement sur cette Grande Cascade, prenant soin de cultiver son image de grande dame. Mais l'établissement vit aussi avec son temps : pour preuve, la présence de Frédéric Robert, un chef brillant, passé par Le Grand Véfour, le Vivarois et Lucas-Carton (où il a travaillé aux côtés de Senderens pendant dix ans). Il a carte blanche pour imaginer une cuisine subtile, aux saveurs bien marquées, qui hisse cette maison parmi les belles adresses gourmandes de la capitale.

À LA CARTE...

Macaroni, truffe noire, foie gras, céleri et gratinés au parmesan • Ris de veau croustillant aux herbes à tortue, carottes, gingembre-orange • Mille gaufres à la crème légère à la vanille de Tahiti

❀

Moderne · Élégant

NOMICOS

Après avoir dirigé de nombreuses années durant les cuisines du restaurant Lasserre – l'un des temples de la cuisine classique –, Jean-Louis Nomicos est bien installé dans ce restaurant qui porte son nom. Pour ce chantre de la belle tradition, qui est né près de Marseille et a grandi dans le culte de la bouillabaisse, l'art et la technique doivent avant tout rester au service des sens et du plaisir. Telle est la condition pour révéler toutes les potentialités des grandes recettes et des produits de choix – méditerranéens, si possible ! Quant au décor contemporain, il se révèle parfaitement en phase avec le travail du chef.

À LA CARTE...
Macaroni aux truffes noires et foie gras de canard • Saint-pierre en oursinade, poutargue, fregola sarda et citron confit • Granité à l'absinthe, confit de tomates à la vanille et glace fenouil

Menu 49 € (déjeuner),
75/145 € – Carte 118/170 €

16 avenue Bugeaud
www.nomicos.fr
TEL. 01 56 28 16 16
Ⓜ **Victor Hugo**

Fermé lundi, dimanche

 ♿ A/C 🍽

Olivier Decker/Michelin • Olivier Decker/Michelin

Menu 75 € (déjeuner), 128/150 €

19 avenue Kléber
www.peninsula.com
TEL. 01 58 12 67 30
Ⓜ Kléber

£3

Moderne • Design

L'OISEAU BLANC

Le restaurant de "gastronomie française contemporaine" du Peninsula, ce luxueux hôtel installé à deux pas de l'Arc de Triomphe. Son nom fait référence à l'avion avec lequel Nungesser et Coli tentèrent – sans succès – la première traversée de l'Atlantique nord en 1927 : une reproduction grandeur nature de l'appareil est suspendue au sommet de l'hôtel, comme si elle allait partir à l'assaut des cieux. Un bel hommage rendu aux deux pionniers... mais également au ciel de Paris ! Sous sa verrière posée sur les toits, le restaurant semble en effet voler au-dessus de la capitale, et la terrasse offre une vue magistrale de la tour Eiffel au Sacré-Cœur. Un cadre parfait pour déguster une cuisine précise et colorée, où tout tombe juste : cuissons, jus et sauces, visuels...

À LA CARTE...

Gambas française, poutargue et curcuma frais • Turbot de Bretagne et asperges blanches du Vaucluse • Nuage au pamplemousse rose et amandes torréfiées

The Peninsula Paris/L'Oiseau Blanc • The Peninsula Paris/L'Oiseau Blanc

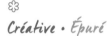

Créative • Épuré

PAGES

La passion des chefs japonais pour la gastronomie française s'illustre une nouvelle fois à travers ce restaurant surprenant. Passé par de belles maisons, Ryuji Teshima, dit Teshi, propose une version contemporaine et très personnelle de la cuisine de l'Hexagone. Autour de menus "surprise", il imagine des mélanges de saveurs qui peuvent paraître improbables sur le papier, mais réellement percutants dans l'assiette. On profite de son travail dans un décor épuré, et les cuisines visibles depuis la salle permettront aux curieux de le voir s'affairer aux fourneaux... Un ensemble résolument à la page !

À LA CARTE...
Carpaccio de bœuf ozaki • Poularde grillée et jaune d'œuf • Hojicha et chocolat

Menu 55 € (déjeuner),
105/175 €

4 rue Auguste-Vacquerie
www.restaurantpages.fr
TEL. 01 47 20 74 94
Ⓜ Charles de Gaulle-Etoile

Fermé 5-26 août, lundi, dimanche

Rina Nurra/Pages • Shiro Muramatsu/Pages

211

Menu 78 € (déjeuner),
138 € – Carte 60/150 €

10 avenue d'léna
www.shangri-la.com/fr/paris/
shangrila
TEL. 01 53 67 19 92
Ⓜ léna

Fermé mardi, mercredi

🕸

Chinoise • Exotique

SHANG PALACE

Shangri-La... Le nom résonne comme un voyage aux confins de l'Asie, vers un paradis luxueux et imaginaire. Le célèbre hôtel parisien, né en 2010, a su donner le même éclat à ses restaurants, dont ce Shang Palace. Situé au niveau inférieur de l'établissement, il transporte ses hôtes dans un Hong Kong merveilleux, entre raffinement extrême-oriental et élégance Art déco. Colonnes incrustées de jade, paravents sculptés et lustres en cristal promettent un dîner aussi feutré qu'étincelant. La cuisine cantonaise est à l'honneur ; on peut partager en toute convivialité un assortiment de plats servis au centre de la table. Les cuissons se révèlent précises, les parfums subtils. Les dim sum sont moelleux à souhait et le goût de la sole cuite à la vapeur s'envole accompagné de champignons noirs et de tofu soyeux. Pour finir, entre autres douceurs, une crème de mangue, garnie de pomélo et de perles de sagou, laisse une belle impression de fraîcheur...

À LA CARTE...
Saumon Lo Hei • Canard laqué façon pékinoise • Crème de mangue, pomélo et perles de sagou

Francis Amiand/Shang Palace • Olivier Decker/Michelin

🍴○

*Méditerranéenne •
Contemporain*

BRACH

Une jolie surprise dans ce nouveau lieu au cadre luxueux, où l'on a volontairement cassé les codes : on se régale d'une cuisine sans chichis, qui offre une immersion au cœur des différentes traditions gastronomiques du bassin méditerranéen. C'est sain, équilibré, et c'est le MOF Yann Brys, qui signe les desserts. Partage, échange et convivialité, avec une affection particulière pour les entrées. Bien joué.

Carte 45/75 €

1-7 rue Jean Richepin
brachparis.com
TEL. 01 44 30 10 00
Ⓜ **La Muette**

♿ 🅰🄲 🧼

🍴○

Moderne • Design

DUCASSE SUR SEINE

Décidément, Alain Ducasse ne manque ni d'audace, ni d'idées. La preuve, une fois de plus avec Ducasse sur Seine : ce bateau électrique, amarré au quai du port Debilly, dans le très chic 16e arrondissement, propose une promenade gastronomique écolo et silencieuse. En même temps que les monuments de Paris, on découvre une cuisine au goût du jour rondement menée par une brigade digne des grandes maisons. Mise à flots réussie, mon capitaine.

Menu 100 € (déjeuner), 150/190 €

Port Debilly
www.ducasse-seine.com
TEL. 01 58 00 22 08
Ⓜ **Trocadéro**

Fermé 27 janvier-7 février

⇐ 🅰🄲 🍽 🧼

🍴○

Chinoise • Élégant

LILI

Créé par le groupe hôtelier de luxe hongkongais du même nom, le déjà célèbre hôtel Peninsula abrite comme il se doit une table asiatique. Dans un décor très théâtral, la longue carte, mise en musique par le chef Dicky To, révèle un large éventail de spécialités chinoises (certaines mises au goût européen). Une ambassade gastronomique pour l'Empire du Milieu.

**Menu 45 € (déjeuner), 120/150 € –
Carte 70/188 €**

19 avenue Kleber
www.peninsula.com/fr/
TEL. 01 58 12 67 50
Ⓜ **Kléber**

Fermé lundi, dimanche

♿ 🅰🄲 🍽 🧼

🍴○

Grecque • Contemporain

MAVROMMATIS -
LE BISTRO PASSY

Le petit dernier d'Andreas Mavrommatis, pape de la gastronomie méditerranéenne à Paris. On s'installe dans une salle, façon bistrot contemporain, pour déguster carpaccio de veau, soupions au fenouil, ou poitrine de veau confite-rôtie. C'est frais et savoureux. Boutique traiteur et cave à vins.

**Menu 26 € (déjeuner),
32 € – Carte 32/46 €**

70 avenue Paul-Doumer
www.mavrommatis.com
TEL. 01 40 50 70 40
Ⓜ **La Muette**

Fermé 2-31 août, lundi, dimanche

🅰🄲

Traditionnelle • Élégant

LE PERGOLÈSE

Dès le début, Stéphane Gaborieau voulait faire du Pergolèse une "belle maison bourgeoise où l'on reçoit les clients comme chez soi" : pari réussi avec une cuisine qui célèbre la tradition. Quant au décor, il se montre élégant : tentures crème, fauteuils de velours rouge, tableaux contemporains... Jolie carte des vins.

**Menu 58 € (déjeuner), 125/140 € –
Carte 90/140 €**

**40 rue Pergolèse
www.lepergolese.com
TEL. 01 45 00 21 40
Porte Maillot**

Fermé 1ᵉʳ-23 août, samedi, dimanche

Moderne • Contemporain

PLEINE TERRE

Derrière une devanture discrète, passé quelques marches vers le sous-sol, on découvre un chef passionné d'agrumes, d'épices et de poivre : il développe une cuisine au plus près des saisons, et met en valeur le travail de petits producteurs triés sur le volet. Une partition inventive, mise en musique par une équipe souriante et enthousiaste : bonne pioche.

**Menu 37 € (déjeuner), 75 € –
Carte 65/76 €**

**15 rue de Bassano
TEL. 09 81 76 76 10
Kléber**

Fermé 2-24 août, lundi, samedi midi, dimanche

Moderne • Contemporain

SUBSTANCE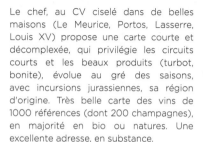

Le chef, au CV ciselé dans de belles maisons (Le Meurice, Portos, Lasserre, Louis XV) propose une carte courte et décomplexée, qui privilégie les circuits courts et les beaux produits (turbot, bonite), évolue au gré des saisons, avec incursions jurassiennes, sa région d'origine. Très belle carte des vins de 1000 références (dont 200 champagnes), en majorité en bio ou natures. Une excellente adresse, en substance.

**Menu 39 € (déjeuner), 79 € –
Carte 50/75 €**

**18 rue de Chaillot
www.substance.paris
TEL. 01 47 20 08 90
Alma-Marceau**

Fermé samedi, dimanche

17ᵉ

PALAIS DES CONGRÈS • WAGRAM • TERNES • BATIGNOLLES

☼☼

Classique · Élégant

MAISON ROSTANG

Entre Michel Rostang, le natif de Grenoble, "fils, petit-fils et arrière-petit-fils de grands cuisiniers", et Nicolas Beaumann, désormais chef de la maison depuis 8 ans, le passage de témoin s'est déroulé de la meilleure des façons. Il en fallait, du talent, pour succéder à un Rostang dont les plats signatures ont marqué des générations de gourmets. On retrouve chez Nicolas Beaumann le même souci du goût : tourteau au gingembre, crémeux de courgettes en impression de caviar ; noix de ris de veau croustillante, navets farcis et petits pois étuvés, crème d'écrevisses... Quant au décor, luxueux et insolite, il séduit nouveaux venus comme habitués de la maison : salon Art nouveau, salon Lalique, salon ouvert sur le spectacle des fourneaux, collection d'œuvres d'art....

À LA CARTE...

Queue de homard en salade de tomates, pinces en gelée, coudes en ravioles • Noix de ris de veau croustillante, tagliatelles de pomme de terre, sauce vin jaune • Cigare croustillant au havane, mousseline au cognac et glace marsala

Menu 90 € (déjeuner),
195/235 € – Carte 153/223 €

20 rue Rennequin
www.maisonrostang.com
TEL. 01 47 63 40 77
Ⓜ **Ternes**

Fermé 1ᵉʳ-24 août, lundi midi,
samedi midi, dimanche

Maison Rostang • Pierre lucet penato/Maison Rostang

❀
Moderne • Élégant

AGAPÉ

Agapè... En Grèce ancienne, ce mot désignait l'amour inconditionnel de l'autre. Il désigne désormais l'alliance du bon, du brut, et du talent. La carte fait la fête aux produits de saison, travaillés dans une veine contemporaine. Même lorsqu'elle se débride, cette cuisine est toujours maîtrisée, canalisée, concentrée sur l'idée de donner du plaisir. Côté décor, une salle en teintes douces, cosy et intimiste, parée d'œuvres d'artistes contemporains. Et le talent se love aussi dans le mariage réussi entre salle et cuisine, ou dans les conseils avisés sur les accords mets et vins (plus de 600 références). Il ne reste qu'à se laisser bercer...

À LA CARTE...
Tartare de noix de veau aux crevettes gambero rosso et caviar • Homard, cavatelli et basilic citron • Moka d'Éthiopie et fenouil sauvage

Menu 52 € (déjeuner),
109/149 € – Carte 140/180 €

51 rue Jouffroy-D'Abbans
www.agape-paris.fr
TEL. 01 42 27 20 18
Ⓜ **Wagram**

Fermé 3-24 août, samedi, dimanche

🍴 A/C ✋

Agapé • Agapé

Menu 32 € (déjeuner), 69 € –
Carte 59/70 €

108 rue Cardinet
www.lefaham.com
TEL. 01 53 81 48 18
Ⓜ Malesherbes

Fermé 3-24 août, lundi, dimanche

🄰🄲

❀
Moderne • Chic

LE FAHAM
BY KELLY RANGAMA

Le faham est une orchidée endémique de l'île de la
Réunion, connue pour son subtil arôme d'amande.
C'est la fleur choisie par Kelly Rangama (ex-Top Chef
2017) pour symboliser son union civile et culinaire
avec le pâtissier Jérôme Devreese, et leur création
commune : cette table élégante et épurée, nichée au
cœur des Batignolles, où la cheffe peut laisser libre
cours à la cuisine qui lui ressemble : pleine de peps
et de tonus, épicée mais toujours maîtrisée, avec la
pointe d'exotisme qui fait la différence. Un exemple :
cette légine (un poisson de la Réunion) aux carottes
et gingembre en aigre-doux, avec concentration de
tomates et riz croustillant... Un vrai bonheur.

À LA CARTE...

Crevettes sauvages, texture de céleri au massalé et bisque
glacée • Pavé de légine, carotte-gingembre en aigre doux,
concentration de tomates et riz croustillant • Gâteau de patate douce, tatin et sorbet de patate douce et émulsion à la
baie de cannelier

Julie limont/Le Faham by Kelly Rangama • Cyril pouillard/Le Faham by Kelly Rangama

Moderne • Cosy

FRÉDÉRIC SIMONIN

Le moins que l'on puisse dire de Frédéric Simonin, c'est qu'il a fait un beau parcours ! Ledoyen, le Meurice, Taillevent, le Seize au Seize, et enfin la Table de Joël Robuchon, où il a gagné ses derniers galons... Rien que des grands noms, à la suite desquels il vient aujourd'hui écrire le sien, non loin de la place des Ternes (pour les connaisseurs : en lieu et place du restaurant Bath's, qu'il a entièrement transformé). Moquette noir et blanc, banquettes de velours sombre, panneaux de verre, déclinaisons élégantes de formes géométriques...

Le design des lieux sied à la cuisine du chef, fine et pleine de justesse. Ne dédaignant pas les touches inventives et parfois japonisantes, il ose les associations originales. L'équation est subtile, maîtrisée... À découvrir à la carte ou à travers le beau menu dégustation. Voilà bel et bien une table raffinée !

Menu 55 € (déjeuner), 148 € –
Carte 120/150 €

25 rue Bayen
www.fredericsimonin.com
TEL. 01 45 74 74 74
Ⓜ Ternes

Fermé 3-25 août, lundi, dimanche

À LA CARTE...

Langoustine en raviole ouverte, nage foisonnée coco et citronnelle • Veau normand cuit en cocotte, champignons et condiment d'ail noir • Parfait guanaja, concassé de biscuit cacao et caramel chocolaté cassant

Menu 42 € (déjeuner), 48/90 € –
Carte 55/85 €

54 rue Cardinet
www.jacquesfaussat.com
TEL. 01 47 63 40 37
🛇 **Malesherbes**

Fermé 3-21 août, 23-27 décembre,
samedi, dimanche

❀

Traditionnelle • Contemporain

JACQUES FAUSSAT

Jacques Faussat, Gersois et fier de l'être, n'aime rien
tant que la simplicité inspirée de ses racines et de son
enfance. Une simplicité également apprise auprès
de Michel Guérard et surtout d'Alain Dutournier – sa
rencontre avec cet homme de passion, qui partage
les mêmes origines que lui, sera déterminante dans
sa carrière, à commencer par dix années passées
aux fourneaux du Trou Gascon. Avec quelques
réminiscences du Sud-Ouest, sa cuisine joue donc la
carte de la générosité et des saveurs, misant tout sur
de bons produits travaillés pour en faire ressortir... le
meilleur. Bon rapport qualité-prix.

À LA CARTE...

Compression de pommes de terre, foie gras de canard, jus
truffé et truffe • Pigeon flambé au capucin • Soufflé aux fruits
de saison

Moderne • Contemporain

LA SCÈNE THÉLÈME

Au 18 de la rue Troyon, l'art – et, particulièrement, le théâtre – rejoint la gastronomie. D'ailleurs, le nom du restaurant est un hommage à la l'Abbaye de Thélème, une création utopique que l'on doit à Rabelais. On peut donc, certains soirs, assister entre 19h et 20h à une représentation théâtrale (attention, 50 places seulement) avant d'aller ensuite s'attabler pour dîner. Riche idée, qui devrait trouver son public à Paris ! Côté papilles, le chef japonais Yoshitaka Takayanagi signe avec son équipe une cuisine fine et subtile, pleine de personnalité, avec des produits de premier ordre. Un travail au cordeau, que l'on apprécie d'autant plus grâce au bon rapport qualité-prix. En scène !

À LA CARTE...
Homard et ris de veau, guacamole et sabayon à la ciboulette • Rouget cuit en écailles et pommes de terre safranées • Pavlova aux fruits rouges, crémeux à la vanille et meringue croquante

Menu 43 € (déjeuner), 69/109 €

18 rue Troyon
www.lascenetheleme.fr
TEL. 01 77 37 60 99
Ⓜ Charles de Gaulle - Étoile

Fermé 4-19 août, lundi,
samedi midi, dimanche

  ♿ 🄰🄲 ⟷

Olivier Decker/Michelin • Alban Couturier/La Scène Thélème

Moderne · Convivial

COMME CHEZ MAMAN

Au cœur des Batignolles, près d'un square, un bistrot contemporain où l'on se sent... comme chez maman ! Le jeune chef belge, Wim Van Gorp (ancien apprenti chez Alain Ducasse, puis chef du Market de Jean-Georges Vongerichten) joue la carte des jolies recettes ménagères, dont certaines rendent de délicieux hommages à ses origines flamandes... C'est fin, savoureux, bien exécuté : un vrai plaisir. À noter qu'il propose aussi une sympathique "gastronomie de bar" dans sa deuxième adresse "Wim à Table", un peu plus loin dans la rue des Moines. Maman peut être fière !

À LA CARTE...

Terrine de cochon, pickles de légumes • Suprême de pintade rôti, pois gourmands, condiment poireaux au citron vert • Vacherin aux cerises de Gaillac

Menu 24 € (déjeuner), 37 € –
Carte 40/65 €

5 rue des Moines
www.comme-chez-maman.com
TEL. 01 42 28 89 53
Ⓜ Brochant

Fermé 10-23 août

Moderne · Convivial

L'ENVIE DU JOUR

Ouvertes sur la petite salle, les cuisines concentrent toute l'attention et le geste de la cuisinière Charlotte Gondor prime ! Un geste plein d'attentions et inspiré : les beaux produits sont bichonnés pour qu'ils avouent le meilleur d'eux-mêmes, et les assiettes révèlent force couleurs et parfums. Ainsi ce tataki d'onglet de bœuf ou le cabillaud et sa salade de pois cassés, dont la netteté de la présentation éveille la gourmandise, jusqu'à la variation de pamplemousse, et son biscuit moelleux aux amandes, gentiment déstructuré... le tout accompagné d'une petite sélection de vins bien choisis. On se régale.

À LA CARTE...

Tataki d'onglet de bœuf • Cabillaud, salade de pois cassés et betteraves • Variation de pamplemousse, biscuit moelleux aux amandes

Menu 32 € (déjeuner), 35/46 €

106 rue Nollet
www.lenviedujour.com
TEL. 01 42 26 01 02
Ⓜ Brochant

Fermé 10 août-1ᵉʳ septembre, lundi, dimanche soir

A/C

224

Traditionnelle • Bistro

LE PETIT VERDOT DU 17ÈME

Deux jeunes trentenaires se sont associés pour donner un coup de fouet à cette antique adresse du quartier des Ternes. Et le moins que l'on puisse dire, c'est que ça déménage ! Mettant à profit une expérience déjà riche – Vincent vient de l'Atelier de Joël Robuchon, Guillaume a fait ses classes au sein de tables étoilées en Bretagne –, ils déclinent ici une cuisine de bistrot généreuse et sincère, fraîche et goûteuse : escargots en raviole, bouillon de champignons, entrecôte Simmental et frites maison... On dévore ces plats sur de grosses tables rustiques, parmi les habitués : bref, en toute convivialité !

À LA CARTE...
Terrine de lapin, chutney d'oignons • Tartare de bœuf charolais • Riz au lait, confiture de lait

Carte 30/47 €

9 rue Fourcroy
TEL. 01 42 27 47 42
Ⓜ Ternes

Fermé 5-27 août, 23 décembre-2 janvier, samedi midi, dimanche

Moderne • Contemporain

ANONA

Une belle cuisine actuelle, et d'évidentes ambitions pour cette nouvelle adresse d'un secteur animé et populaire du 17e arrondissement. Le chef, au beau parcours étoilé, flatte avec talent le terroir d'Île de France, dans une démarche de développement durable. Menu attractif et courte carte au déjeuner ; en soirée, menu unique en 5 ou 7 déclinaisons, réalisé au plus près du marché.

Menu 29 € (déjeuner), 75/95 €

80 boulevard des Batignolles
www.anona.fr
TEL. 01 84 79 01 15

Fermé 17-31 août, lundi, dimanche

  & Ⓐⓒ

Traditionnelle • Bistro

LE BISTROT D'À CÔTÉ FLAUBERT

Cette table est "d'à côté" car elle jouxte le restaurant gastronomique de Michel Rostang, auquel elle appartient également. On y propose une bonne cuisine bistrotière en valorisant de beaux produits. Direction la rue Flaubert !

Menu 32 € (déjeuner) – Carte 48/66 €

10 rue Gustave Flaubert
www.bistrotflaubert.com
TEL. 01 42 67 05 81
Ⓜ Ternes

Fermé 1er-24 août, lundi, samedi midi, dimanche

  🍴 Ⓐⓒ 🧽

🍴

Traditionnelle • Bistro

LE BOUCHON ET L'ASSIETTE

Au déjeuner, l'ardoise du jour propose un joli panaché de petits plats gourmands. Le soir, place à des plaisirs plus subtils, autour d'une cuisine du marché avide de jolies saveurs. Quant à la carte des vins, elle met en avant d'intéressants petits producteurs. Rue Cardinet, le bouchon et l'assiette forment un couple épatant.

Menu 26 € (déjeuner) – Carte 40/65 €

127 rue Cardinet
TEL. 01 42 27 83 93
Ⓜ **Malesherbes**

Fermé 1ᵉʳ-26 août, lundi, dimanche

🍴

Créative • Convivial

CAÏUS

Cette adresse cache bien son jeu derrière sa devanture en bois plutôt sage : de belles banquettes, de sobres chaises vêtues de cuir noir... Le chef, Jean-Marc Notelet, exhume épices et produits oubliés, avec l'art de réinventer des recettes ordinaires. Impossible de se lasser, d'autant que l'atmosphère est agréable. Bon rapport qualité-prix.

Menu 45 €

6 rue d'Armaillé
www.caius-restaurant.fr
TEL. 01 42 27 19 20
Ⓜ **Charles de Gaulle-Étoile**

Fermé 3-23 août, samedi, dimanche

🍴

Poissons et fruits de mer • Chic

DESSIRIER PAR ROSTANG PÈRE ET FILLES

Contemporain, arty et chic : tel est le Dessirier, navire amiral de la famille Rostang. Le restaurant attache une importance capitale à la sélection de poissons : bouillabaisse et sole meunière font partie des incontournables du lieu...

Menu 57 € – Carte 45/90 €

9 place du Maréchal-Juin
www.restaurantdessirier.com
TEL. 01 42 27 82 14
Ⓜ **Pereire**

𝄒 🏠 ♿ 𝔸�ℂ ⟷ 🚿

🍴

Moderne • Bistro

GARE AU GORILLE

Marc Cordonnier a maintenant fait sa place aux Batignolles. Il sait travailler les produits sans jamais les dénaturer et décline une cuisine franche et originale, sans chichi, qui préfère la personnalité à la posture. Quant à son acolyte, Louis Langevin, il conseille avec bienveillance un beau panel de vins nature.

**Menu 29 € (déjeuner), 39 € –
Carte 45/55 €**

68 rue des Dames
www.gareaugorille.fr
TEL. 01 42 94 24 02
Ⓜ **Rome**

Fermé 1ᵉʳ-24 août, samedi, dimanche

‖○

Moderne • Bistro

PAPILLON

Tel Papillon, échappé du bagne de Cayenne, Christophe Saintagne a accompli sa mue en s'installant à son compte après avoir dirigé les cuisines du Plaza Athénée, puis du Meurice. Épanoui dans son élégant néo-bistrot, il signe une cuisine racée, qui privilégie toujours le goût et l'équilibre. Un conseil d'ami : réservez !

**Menu 38 € (déjeuner), 75 € –
Carte 50/75 €**

**8 rue Meissonier
www.papillonparis.fr
TEL. 01 56 79 81 88
Ⓜ Wagram**

Fermé 25 juillet-24 août, samedi, dimanche

  ♿ 🆎

─────────────

‖○

*Poissons et fruits de mer •
Chic*

RECH

Cette institution née en 1925, toujours élégante avec son décor repensé dans un esprit épuré (murs blancs, miroirs, sol en mosaïque) fera le bonheur des amateurs de saveurs iodées, à l'instar de cette sole épaisse dorée au beurre demi-sel, pommes de terre de Noirmoutier.

**Menu 44 € (déjeuner), 80 € –
Carte 60/90 €**

**62 avenue des Ternes
www.restaurant-rech.fr
TEL. 01 45 72 29 47
Ⓜ Ternes**

**Fermé 27 juillet-16 août,
23 décembre-2 janvier, lundi, dimanche**

🛖 🆎 👞

‖○

Moderne • Bistro

ROOSTER Ⓝ

Tout juste débarqué de New York, Frédéric Duca a trouvé un havre de paix et de goût entre Batignolles et Wagram, partie animée et populaire du 17ᵉ arrondissement. En guise d'écrin, un ancien café en angle de rue : le chef marseillais signe une cuisine de produits, sans afféterie et dans l'air du temps. Carte plus ambitieuse le soir.

**Menu 32 € (déjeuner), 68/75 € –
Carte 47/65 €**

**137 rue Cardinet
rooster-restaurant.com
TEL. 01 45 79 91 48**

Fermé 1ᵉʳ-26 août, 22-28 décembre, samedi, dimanche

─────────────

‖○

Italienne • Romantique

SORMANI

Tissus tendus, lustres en verre de Murano, moulures et miroirs : toute l'élégance de l'Italie s'exprime dans ce restaurant chic et feutré. La cuisine rend un hommage subtil aux spécialités transalpines, avec une appétence particulière, en saison, pour la truffe.

Carte 70/140 €

**4 rue du Général-Lanrezac
www.restaurantsormani.fr
TEL. 01 43 80 13 91
Ⓜ Charles de Gaulle-Étoile**

Fermé 3-23 août, samedi, dimanche

🍽 🆎 ⬭ 👞

F. Guiziou/hemis.fr

18^e

MONTMARTRE • PIGALLE

Moderne · Élégant

L'ARCANE

Emmenée par Laurent Magnin, la jeune équipe de l'Arcane a quitté le 39 rue Lamarck pour prendre ses quartiers un peu plus haut, en lieu et place de l'ancien Chamarré Montmartre. Dans l'assiette, le jeune chef montre toutes les qualités qu'on lui connaissait déjà. Technicité et saveurs sont au rendez-vous – exemple parfait, cette belle mousse légère aux petits pois agrémentée de zestes de citron jaune et de poudre de citron noir – et on passe un excellent moment, que ce soit sous la forme d'un menu surprise ou à la carte. Enfin, n'oublions pas la jolie carte des vins, qui n'hésite pas à sortir des sentiers battus.

À LA CARTE...
Cuisine du marché

Menu 55 € (déjeuner),
120/150 € – Carte 80/110 €

52 rue Lamarck
www.restaurantlarcane.com
TEL. 01 46 06 86 00
Ⓜ Lamarck Caulaincourt

Fermé 2-31 août, 20-28 décembre,
lundi, mardi midi, dimanche

ε3

Créative · Épuré

KEN KAWASAKI

Au pied de la butte Montmartre, c'est désormais le fils
de Ken Kawasaki qui officie en cuisine. Il propose une
cuisine française parsemée d'influences japonaises,
sous la forme de petites assiettes éminemment
graphiques, savoureuses et originales. C'est le
meilleur de la saison qui vous est offert, avec des
ingrédients choisis avec soin, et une élégance certaine
dans le travail des saveurs. Dans la plus pure tradition
japonaise, ces mets sont préparés directement sous
vos yeux, derrière un petit comptoir en bois clair. Un
mot enfin sur le rapport qualité-prix, qui se révèle
excellent, notamment au déjeuner.

À LA CARTE...
Cuisine du marché

Menu 45 € (déjeuner), 90 €

15 rue Caulaincourt
www.restaurantkenkawasaki.fr
TEL. 09 70 95 98 32
Ⓜ **Blanche**

Fermé lundi, dimanche

Menu 45 € (déjeuner), 99/130 €

18 rue Eugène-Süe
www.latabledeugene.com
TEL. 01 42 55 61 64
Ⓜ **Jules Joffrin**

Fermé 21-29 avril, 4-26 août,
24 décembre-8 janvier, lundi,
dimanche

❀

Moderne • Élégant

LA TABLE D'EUGÈNE

L'enseigne sonne comme un slogan bobo, mais fait en réalité référence à Eugène Sue, l'auteur des Mystères de Paris, et au nom de la rue. Non loin de la mairie du 18e, l'adresse compte dorénavant parmi les meilleures tables de la capitale, par la grâce de son chef, Geoffroy Maillard. Le chef se plaît à « booster » ses assiettes avec des condiments, pickles, ou notes acides, déposées en embuscade sur la portée gastronomique. Couleurs, finesse, précision et une originalité assumée : chaque plat porte la patte du chef et son envie de régaler ses convives. Un mot aussi pour l'intérieur, moderne et épuré, avec de grands tableaux contemporains et des tables en bois clair, dans lequel on se sent parfaitement à l'aise.

À LA CARTE...
Cuisine du marché

Grecque • Convivial

ETSI

La façade, d'un bleu intense, courtise le regard. C'est l'histoire de Mikaela, jeune cheffe d'origine grecque, revenue à la cuisine de son enfance après un apprentissage dans des maisons reconnues (Michel Rostang, Cyril Lignac). Ici, elle propose des mezze, percutants de fraîcheur et ponctués d'audaces, à l'instar de l'utilisation des condiments. Feta, olives, câpres, charcuteries, fromages, huiles d'olive etc. proviennent tout droit de Grèce. Atmosphère très conviviale dans ce bistrot animé.

À LA CARTE...
Kolokithokeftedes • Feta saganaki et légumes du moment • Cheveux d'ange, pistache et fleur d'oranger

Menu 35 € – Carte 30/35 €

23 rue Eugène-Carrière
www.etsi-paris.fr
TEL. 01 71 50 00 80
Ⓜ Place de Clichy

Fermé 3-23 août, 24 décembre-1ᵉʳ janvier, lundi, le midi en semaine et le dimanche soir

Cuisine du marché • Contemporain

MOKKO

Jadis, Arthur Hantz était manager dans la musique... puis il s'est découvert une vocation de cuisinier, notamment par le biais de stages dans des maisons sudistes comme Jean-Luc Rabanel ou La Chassagnette (Arles). Il propose ici une cuisine jeune, originale et décomplexée, déclinée dans une épatante ardoise à midi et un menu unique le soir. Les recettes évoluent sans cesse au gré du marché, avec des jeux intéressants sur les saveurs et les textures ; pour l'indémodable, on ne saurait trop vous conseiller la mousse au chocolat, un vrai délice, ou encore les glaces maison...

À LA CARTE...
Asperges, coulis d'oignons nouveaux, émulsion parmesan et rhubarbe • Poulpe grillé, maïs et combava • Mousse au chocolat à la fève tonka

Menu 24 € (déjeuner), 36/45 € – Carte 32/44 €

3 rue Francoeur
TEL. 09 80 96 93 60
Ⓜ Métro Lamarck-Caulaincourt

Fermé lundi, mardi midi, mercredi midi, dimanche soir

Traditionnelle •
Contemporain

LE RÉCIPROQUE

Ce restaurant, ouvert en 2016 à proximité de la mairie du 18ᵉ, est une vraie aubaine pour les gourmets du quartier. On le doit à deux jeunes associés au beau parcours professionnel, Sylvain Gaudon et Adrien Eggenschwiler. Le premier, en cuisine, se fend de recettes traditionnelles sagement revisitées, qui se révèlent à la fois savoureuses et bien maîtrisées ; quant au second, il assure en salle un service vivant et courtois, et ne manque jamais de bons conseils pour la clientèle. Tout cela se déroule dans une petite salle moderne, dans un esprit de bistrot du 21ᵉ s., où l'on se sent parfaitement à l'aise.

À LA CARTE...

Crème de champignons de Paris, œuf parfait et poêlée forestière • Poitrine de cochon, piperade au piment d'Espelette et sauce barbecue maison • Crémeux au chocolat, biscuit sablé, sorbet coco

Menu 25 € (déjeuner), 38/45 €

14 rue Ferdinand-Flocon
www.lereciproque.com
TEL. 09 86 37 80 77
Ⓜ **Jules Joffrin**

Fermé 26 juillet-17 août,
20 décembre-4 janvier, lundi, dimanche

🍴○

Traditionnelle • Bistro

BOULOM Ⓝ

Bien caché derrière une boulangerie (goûtez leur kouign amann !), ce restaurant se présente sous la forme d'un grand buffet : à vous terrines de campagne, houmous de lentilles, poitrine de porc et autres poissons grillés... C'est bon, les produits sont de qualité, l'ambiance est plutôt relax. Succès mérité.

Menu 29 € (déjeuner), 39 €

181 rue Ordener
www.boulom.net
TEL. 01 46 06 64 20
Ⓜ **Guy Moquet**

A/C

🍴○

Traditionnelle •
Contemporain

LE COQ RICO

Cocorico ! La volaille française a trouvé son ambassade à Paris, en cette adresse chic et discrète créée par le fameux chef strasbourgeois, Antoine Westermann. Poulet de Bresse, volaille landaise, canette des Dombes, pigeon de Mesquer, poulet de Challans ponctuent la carte. Les pièces sont rôties avec art et dégagent de succulents parfums. Les amateurs sont comblés, les autres aussi !

Menu 31 € (déjeuner) – Carte 50/90 €

98 rue Lepic
www.lecoqrico.com
TEL. 01 42 59 82 89
Ⓜ **Lamarck Caulaincourt**

A/C

🍴

Traditionnelle · Bistro

POLISSONS

Un peu à l'écart du Montmartre touristique, une table moderne qui célèbre les saveurs franches. La carte est renouvelée souvent, avec quelques incontournables : carpaccio de dorade, aile de raie meunière, pigeon farci... Polissons ? L'adresse idéale pour encanailler votre palais !

Menu 21 € (déjeuner), 65 € –
Carte 45/50 €

35 rue Ramey
www.polissons-restaurant.fr
TEL. 06 46 63 57 50
Ⓜ Château Rouge

Fermé lundi, dimanche

🍴

Moderne · Bistro

LA RALLONGE

La Rallonge de la fameuse Table d'Eugène, plus haut dans la rue. Le chef décline ici sa cuisine au gré d'une ardoise sacrément appétissante, dans un joli décor de bistrot. Le soir, nous vous conseillons de faire confiance au chef, en choisissant le menu dégustation décliné en 5 temps. Bien plus qu'un bar à tapas, une adresse de caractère.

Menu 17 € (déjeuner), 37 € –
Carte 31/45 €

16 rue Eugène-Sue
www.larallonge.fr
TEL. 01 42 59 43 24
Ⓜ Jules Joffrin

Fermé 12-20 avril, 9-31 août, 20-28 décembre, lundi, dimanche

Suchan/iStock

19ᵉ & 20ᵉ

LA VILLETTE • BUTTES CHAUMONT• GAMBETTA • BELLEVILLE

Traditionnelle • Bistro

LES CANAILLES MÉNILMONTANT

En plein cœur de Ménilmuche, juste au-dessus du boulevard, deux associés ont pris place derrière cette façade colorée. L'objectif des deux larrons : faire aussi bien ici qu'à Pigalle, où est situé leur premier restaurant. Ils peuvent s'appuyer sur une formule éprouvée et efficace : de la belle tradition à tous les étages, une cuisine... canaille, bien sûr, travaillée et savoureuse, à l'instar de ce carpaccio de langue de bœuf tiède, sauce gribiche ou versant sucré, du baba au rhum, chantilly et citron vert. L'intérieur, engageant et coquet, ajoute encore à ce moment de plaisir, tout comme le service compétent et efficace. Bon choix de vin au verre.

À LA CARTE...
Carpaccio de langue de bœuf tiède, sauce gribiche • Quasi de veau rôti au thym, shiitaké et céleri • Baba au rhum, chantilly au citron vert

Menu 19 € (déjeuner), 36 €

15 rue des Panoyaux (20e)
www.restaurantlescanailles.fr
TEL. 01 43 58 45 45
Ⓜ Ménilmontant

Fermé 1er-24 août, samedi, dimanche

Chinoise • Tendance

CHEVAL D'OR

La nouvelle adresse de Taku Sekine et de Florent Ciccoli (Jones, Au Passage, Café du Coin) ne désemplit pas... et c'est amplement mérité. La carte fait la part belle à la cuisine cantonaise, influencée par Hong-Kong, et s'autorise quelques escapades vers d'autres pays d'Asie. Parmi les best-sellers, le thon blanc aux poivrons rouges et piment, les nouilles au porc accompagnées d'un jaune d'œuf, mais aussi, plus dispendieux il est vrai, le homard aux brocolis et piments doux. Brigade jeune et internationale, décor post-industriel, service décontracté. Un conseil : réservez par internet.

À LA CARTE...
Omelette aux champignons • DIY bao, ventrèche de porc • Crème caramel

Carte 30/50 €

21 rue de la Villette (19e)
chevaldorparis.com
TEL. 09 54 12 21 77
Ⓜ Pyrénées

Fermé lundi, mardi, mercredi midi, jeudi midi, vendredi midi

A⁄C

Moderne • Bistro

LE GRAND BAIN

Dans le cœur fourmillant de Belleville, ce vieux restaurant espagnol a été repris par un trio d'associés de talent, et le moins que l'on puisse dire, c'est que ça déménage. Au programme, une ambiance de bistrot très tendance (briques, béton, mosaïques, bar en îlot central) et de délicates explosions de créativité, en petites portions, à l'ardoise. On les doit à Edward, le chef anglais, qui s'était notamment fait remarquer Au Passage, du côté d'Oberkampf. Tout cela fait un délicieux rendez-vous : quand le noctambule hipster croise la foodista pointue, ils s'en vont prendre un Grand Bain...

À LA CARTE...
Mulet, dashi, ail noir • Épaule d'agneau • Glace au citron noir, caramel et wakame

Carte 25/45 €

14 rue Dénoyez (20ᵉ)
www.legrandbainparis.com
TEL. 09 83 02 72 02
Ⓜ **Belleville**

Fermé le midi

Moderne • Bistro

MENSAE

Une cuisine de l'instant, pleine de fraîcheur, pour ce bistrot du 19ᵉ arrondissement, qui bénéficie des conseils avisés de Thibault Sombardier (ex-Top Chef, aujourd'hui chef du restaurant Antoine, dans le 16ᵉ). Les saveurs tombent juste, les produits sont de belle qualité. Parmi les incontournables, proposés toute l'année, les cuisses de grenouilles, ail et persil ; la poêlée d'escargots, champignons, mousse de persil ou la désormais célèbre mousse au chocolat praliné provoqueraient des émeutes. On se régale d'autant que l'ambiance, en cuisine et en salle, est ultra-conviviale, et que le décor a le bon goût de se faire discret. Petite terrasse trottoir bienvenue en été. Le menu déjeuner est une aubaine.

À LA CARTE...
Escabèche de maquereau, betterave et raifort • Merlu, asperges vertes, petits pois, coques, hollandaise au yuzu • Mousse chocolat-praliné

Menu 27 € (déjeuner), 36 €

23 rue Melingue (19ᵉ)
TEL. 01 53 19 80 98
Ⓜ **Pyrénées**

Fermé 11 août-1ᵉʳ septembre, lundi, dimanche

Ⓐ/Ⓒ

Moderne · Contemporain

SADARNAC

En plein cœur du vingtième, on longe l'église Saint-Germain-de-Charonne avant de bifurquer dans cette rue semi-piétonne aux faux airs de village. Et voici Sadarnac ! Lise Deveix, la toute jeune cheffe, a baptisé son restaurant en clin d'œil au coin de Corrèze où est située la ferme de ses parents. Dans une petite salle très coquette, elle nous gratifie de menus à l'aveugle bien en phase avec les saisons. Une cuisine moderne et efficace, aussi savoureuse que bien structurée : la garantie d'un moment délicieux.

À LA CARTE...
Potiron, réglisse, romarin, pamplemousse • Lieu jaune, polenta et beurre noisette • Paris-brest à la poire

Menu 25 € (déjeuner), 39/62 €

17 rue Saint-Blaise (20ᵉ)
www.restaurantsadarnac.fr
TEL. 01 72 60 72 06
Ⓜ Maraichers

Fermé 4-24 août, lundi, dimanche

Moderne · Bistro

LA VIERGE Ⓝ

La façade de ce sympathique bistrot affiche encore l'ancien nom "À la vierge de la Réunion", mais porte désormais le nom simplifié de "La Vierge". Et c'est vierge de toute idée préconçue que l'on s'attable dans un décor rétro avec tables anciennes, chaises en bois, vieux carrelage et cuisine ouverte. Côté fourneaux, Elsa Marie assure le service du midi et Julian May, son mari australien, celui du soir. Côté assiettes, c'est frais, efficace et pétri de gourmandise : on se régale de bout en bout. Le menu déjeuner est une véritable aubaine pour les estomacs en vadrouille.

À LA CARTE...
Carottes, houmous, coriandre • Églefin, fenouil, fromage blanc aux herbes • Tarte au chocolat

Menu 20 € (déjeuner) – Carte 25/40 €

58 rue de la Réunion (20ᵉ)
TEL. 01 43 67 51 15
Ⓜ Buzenval

Fermé dimanche soir

🍴

Traditionnelle • Bistro

LE BARATIN

La bistronomie doit beaucoup à la chef argentine Raquel Carena et nombre de jeunes chefs reconnaissent son héritage. L'occasion de revenir aux sources de la gourmandise, avec ce bistrot dans son jus. L'ardoise est plaisante à lire, les prix sont sages et les vins séduisants. Réservation fort conseillée.

Menu 19 € (déjeuner) – Carte 39/55 €

3 rue Jouye-Rouve (20ᵉ)
TEL. 01 43 49 39 70
Ⓜ Pyrénées

Fermé 2-18 février, 24 août-20 septembre, lundi, samedi midi, dimanche

knape/iStock

... ET AUTOUR DE PARIS

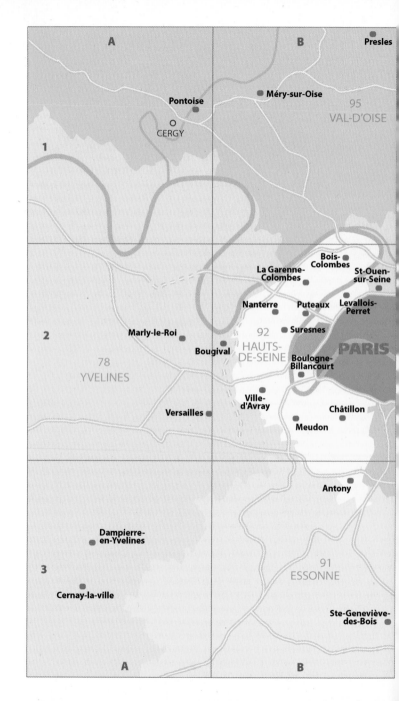

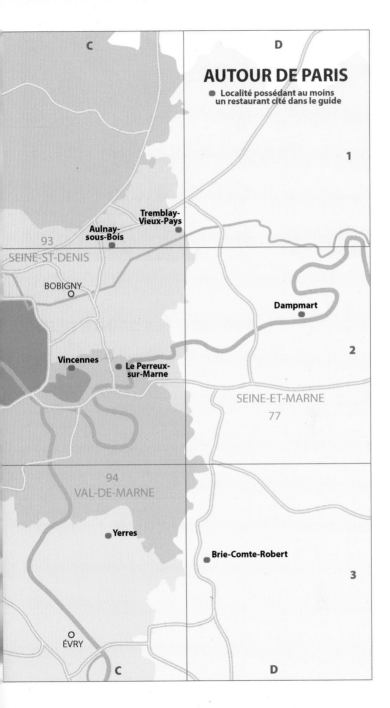

AUTOUR DE PARIS

AUTOUR DE PARIS

● Localité possédant au moins
un restaurant cité dans le guide

C **D**

1

Tremblay-
Vieux-Pays

Aulnay-
sous-Bois

93

SEINE-ST-DENIS

BOBIGNY
○

Dampmart

2

Vincennes

Le Perreux-
sur-Marne

SEINE-ET-MARNE
77

94
VAL-DE-MARNE

Yerres

Brie-Comte-Robert

3

○
ÉVRY

C **D**

Menu 32 € (déjeuner), 44/95 €

AULNAY-SOUS-BOIS

PLAN : C1
212 avenue Nonneville
✉ **93600**
www.auberge-des-saints-peres.fr
TEL. 01 48 66 62 11

Fermé 3-24 août, lundi midi,
mercredi soir, samedi midi,
dimanche

A/C

❀

Créative • Élégant

AUBERGE DES SAINTS PÈRES

Il faut reconnaître au chef de cette Auberge des Saints Pères un incontestable mérite : celui de la régularité ! Il continue, année après année, à proposer une cuisine créative et sophistiquée, à grand renfort de techniques complexes et de mariages de saveurs inattendus... sans oublier un usage astucieux des herbes et des épices. Huîtres sur une brunoise de fruits acidulés, crème froide de cocos de Paimpol ; échine de marcassin saupoudrée de genièvre, céleri et soupe à l'oignon... L'originalité de cette cuisine, associée à une maîtrise des fondamentaux (cuissons, assaisonnements) explique sans doute la bonne cote locale de l'établissement dans les environs. L'épouse du chef assure efficacement l'accueil et le service ; le décor, dans des teintes chocolat assez épurées, se révèle plaisant.

À LA CARTE...

Eau de gaspacho, brunoise, croquette et chorizo • Pluma ibérique, banane, foie gras et lard de Colonnata • Fromage blanc, sabayon, ananas et bergamote

❀

Moderne • Élégant

LE CAMÉLIA

Les plus anciens s'en souviennent : le Camélia était l'ancien restaurant de l'illustre cuisinier Jean Delaveyne, pionnier de la nouvelle cuisine et mentor (entre autres) de Michel Guérard, Joël Robuchon, Jacques Chibois. En retrait de la Seine, cette auberge à l'avenante façade moderne a été transformée dans l'esprit d'un bistrot chic et feutré, avec cuisines ouvertes sur la salle : une métamorphose réussie. On apprécie d'autant mieux les recettes du chef, suaves et délicates, réalisées au gré du marché. Ainsi cette tomate et truffe, explosant de saveurs, ou ce beau tronçon de filet de turbot, pour finir sur un clafoutis cerise, dessert de l'enfance. Le lieu est raffiné, la cuisine hume l'air du temps, le service est jeune et aimable. Une adresse de choix, à la hauteur de sa prestigieuse histoire.

À LA CARTE...

Salade de homard aux fruits de saison • Sole rôtie au jus d'herbes • Millefeuille aux fruits de saison

Menu 35 € (déjeuner), 49/82 € – Carte 100/130 €

BOUGIVAL

PLAN : B2
7 quai Georges-Clemenceau
✉ **78380**
www.lecamelia.com
TEL. 01 39 18 36 06

Fermé 1ᵉʳ-31 août, 24-31 décembre, lundi, dimanche

🚗 ♿ 🆎 🌿

Menu 50/80 € – Carte 22/82 €

DAMPIERRE-EN-YVELINES

PLAN : A3
1 Grande-Rue
✉ **78720**
www.latabledesblot.com
TEL. 01 30 47 56 56

Fermé 17 août-1er septembre,
21-30 décembre, lundi, mardi,
dimanche soir

  ♿ AC ⟷

Moderne • Auberge

LA TABLE DES BLOT - AUBERGE DU CHÂTEAU

Cette belle et élégante auberge du 17e s. a conservé sa salle opulente, ses poutres rustiques et sa cheminée, et en dépit des touches modernes, on reconnaît ici la douce langueur bourgeoise, synonyme de bien-être des appétits. A l'aise dans cet univers qui donne des gages au temps qui passe, le talent du chef et les saisons rythment la créativité des recettes. Prenons l'excellente tranche de terrine de lapin, travaillée à l'ancienne, ou le beau et épais filet de turbot : nous sommes en présence d'un homme qui aime son métier. Et le dessert, variation en trois préparations autour du chocolat, confirme l'intuition. Le service, très professionnel, valorise cette partition maîtrisée, exécutée par un chef exigeant et passionné. C'est coloré, parfumé, plein de saveurs. L'accueil chaleureux invite à prolonger l'étape - on peut en effet réserver une jolie chambre façon maison de campagne.

À LA CARTE...

Grenouilles sautées au persil et citron • Homard décortiqué et fumé à la livèche • Cerises confites acidulées, mascarpone et meringue

Moderne • Convivial

LE QUINCANGROGNE

En bord de Marne, cette ancienne maison de retraite a été transformée en un hôtel-restaurant accueillant. En cuisine, on trouve Franck Charpentier, chef au parcours solide – plusieurs tables étoilées au sein d'hôtels de luxe, notamment. En bon amoureux des goûts authentiques, il régale sa clientèle avec une carte simple, axée sur des produits régionaux de grande qualité. Finesse et précision des agencements de saveurs, visuels précis et bien travaillés : on se régale d'un bout à l'autre du repas. En saison, on profite même de la belle terrasse avec sa vue sur la rivière toute proche... Une étape de choix.

À LA CARTE...

Œuf parfait de Dampmart • Cochon fermier de Dagny-sur-Marne cuit lentement, purée fumée et jus corsé au saté • Crème brûlée au thé vert, rose et crème glacée au coquelicot de Nemours

Menu 40 € (déjeuner), 61/95 €

DAMPMART

PLAN : D2
7 rue de l'Abreuvoir
✉ **77400**
www.hotel-restaurant-lequincangrogne.fr
TEL. 01 64 44 44 80

Fermé 1ᵉʳ-10 janvier, 2-28 août, lundi, mardi, dimanche soir

Menu 52/120 € –
Carte 118/245 €

MARLY-LE-ROI

PLAN : A2
3 Grande-Rue
✉ **78160**
www.restaurant-levillage.fr
TEL. 01 39 16 28 14

Fermé 20-27 janvier, 9-24 août,
lundi, samedi midi, dimanche soir

A/C

Moderne • Intime

LE VILLAGE

Ces diables de chefs japonais sont partout... et c'est tant mieux ! Prenez cette jolie auberge, sise dans une ruelle pittoresque du vieux Marly. Quoi de plus français que l'avenante façade aux tons bleu canard, puis, passé la porte, la plaisante petite salle intimiste aux tons rouge carmin, décorée de tableaux et de photos de plats ? Pourtant, en cuisine, on parle japonais. Le chef signe des préparations très maîtrisées, riches de jolis accords, de textures et de saveurs ; pareil à Jésus, il se plaît même à multiplier les petits pains – là-dessus, nous vous laissons la surprise. À Marly, la France inspire l'Asie, à moins que ce ne soit le contraire... Laissez votre palais décider.

À LA CARTE...

Goï cuôn de homard breton et foie gras en terrine au vieux calvados • Faux-filet de bœuf de Kobe poêlé, mayonnaise de wasabi • Soufflé chaud au yuzu légèrement poivré, sorbet aux feuilles de shiso

Classique • Élégant

LE CHIQUITO

Quelle histoire, ce Chiquito ! Saviez-vous qu'il s'agit d'un ancien bar-tabac et épicerie de village, transformé en restaurant en 1969 ? Difficile de se figurer cette parenthèse passée tant le cadre de cette maison francilienne du 17e s., élégant et plein de cachet, l'enfilade de salles bourgeoises, l'accueil, des plus prévenants, évoquent immédiatement une certaine idée de l'élégance bourgeoise. Et que dire de la cuisine d'Alain Mihura, passé chez de grands chefs étoilés, sinon qu'elle honore le plus beau classicisme, par sa précision et la finesse de ses saveurs ? Ses spécialités font claquer les langues de plaisir : cuisses de grenouilles au jus de persil, ris de veau au beurre mousseux et Paris-brest... Quelque chose d'éternel au pays de la gourmandise. La belle carte des vins, avec plus de 250 références, conforte ce charmant tableau. Une demeure tout en délicatesse, vivement recommandable.

À LA CARTE...

Tête de veau laquée, crevette sauvage au piment d'Espelette et gribiche d'avocat • Turbot rôti, mousseline de carotte à l'orange, légumes glacés et grillés et sauce Suzette • Brownie au chocolat, caramel chaud au beurre salé, glace à la vanille et fève tonka

Menu 70/82 € - Carte 73/88 €

MÉRY-SUR-OISE

PLAN : B1
3 rue de l'Oise
✉ 95540
www.lechiquito.fr
TEL. 01 30 36 40 23

Fermé 16-31 août, lundi, dimanche

A/C P

Le Chiquito • Le Chiquito

Menu 42 € (déjeuner), 61/81 €

MEUDON

PLAN : B2
8 rue de Vélizy
✉ **92190**
www.lescarbille.fr
TEL. 01 45 34 12 03

Fermé 12-20 avril, 2-24 août,
18-26 octobre,
24 décembre-4 janvier, lundi,
dimanche

Moderne • Bourgeois

L'ESCARBILLE

Contre les voies de chemin de fer, cette maison
bourgeoise (ancien buffet de la gare) est devenu
un restaurant gourmet, à l'atmosphère chic et
contemporaine, décoré de photos et tableaux. On
déguste ici les recettes d'un chef expérimenté,
secondé par une équipe de confiance. En cuisine, le
produit a le beau rôle, préparé et assaisonné avec
justesse ; on accompagne ces douceurs de vins
de petits producteurs sélectionnés avec minutie
(et présentés sur tablette). À noter que l'on peut
également prendre son repas sur la terrasse, et
profiter d'un service de voiturier. Une attachante
Escarbille.

À LA CARTE...

Soupe d'étrilles parfumée au gingembre • Turbot, endives caramélisées et émulsion à la citronnelle • Soufflé à la pistache
de Sicile, sorbet cacao

 ✿

Moderne • Cosy

L'OR Q'IDÉE

La cheffe Naoëlle d'Hainaut a choisi cette petite rue du centre-ville de Pontoise, en contrebas de la jolie église, pour ouvrir son premier restaurant. Résultat : une vraie réussite, de l'élégant décor (style scandinave, couleurs claires, cave sous écrin de verre, cuisine visible) aux assiettes savoureuses et bien dans l'air du temps. Souvenirs attendris de langoustines justes cuites, d'un quasi de veau à la cuisson parfaite, et en dessert, de l'effet cacahuète (un régal). Partout, une même maîtrise technique, de belles harmonies gustatives, une cuisine franche. Service bien rythmé, décontracté et professionnel par une équipe jeune et efficace. Une adresse très recommandable.

À LA CARTE...
Carpaccio de Saint-Jacques, céleri branche, crème de yuzu et vinaigrette au curry madras • Pigeon rôti et laqué au miel de fleurs sauvages, purée de céleri et châtaigne • Les fraises de mon enfance

Menu 42 € (déjeuner), 79 € –
Carte 63/68 €

PONTOISE

PLAN : A1
14 rue Marcel-Rousier
✉ **95000**
www.lorqidee.fr
TEL. 01 34 35 47 10

Fermé 9-24 février, 5-25 août, lundi, mardi soir, samedi midi, dimanche

Menu 118/199 € –
Carte 137/190 €

VERSAILLES

PLAN : A2
1 boulevard de la Reine
✉ **78000**
www.trianonpalace.fr
TEL. 01 30 84 50 18

**Fermé 1ᵉʳ-23 janvier, 1ᵉʳ-31 août,
lundi, mardi midi, mercredi midi,
jeudi midi, vendredi midi, samedi
midi, dimanche**

Créative • Élégant

GORDON RAMSAY AU TRIANON

Inauguré en 1910 à la lisière du parc du château, l'hôtel Trianon Palace impose sa silhouette autoritaire aux promeneurs qui s'en approchent. Un lieu tout indiqué pour accueillir le travail – et le caractère bien trempé ! – de Gordon Ramsay, déjà triplement étoilé à Londres.

Le chef écossais supervise la mise à jour régulière de la carte – mise en œuvre au quotidien par le chef Frédéric Larquemin –, qui célèbre de beaux produits et joue principalement sur la simplicité et la pertinence des recettes. Une créativité bien maîtrisée, de jolies saveurs... on passe un très agréable moment en ces lieux, d'autant que le cadre n'est pas en reste : une élégante et lumineuse salle à manger baroque, dont les baies vitrées donnent directement sur le parc...

À LA CARTE...

Les bouchées de la reine • Turbot sauvage français, palourdes et lentilles beluga du Perche • Millefeuille croquant aux deux vanilles

❀

Moderne • Contemporain

LA TABLE DU 11

Difficile de réprimer son enthousiasme en évoquant le travail de Jean-Baptiste Lavergne-Morazzani, le jeune chef de cette Table du 11. Après l'obtention de l'étoile en 2016, il a redoublé d'efforts, avec le soutien d'une équipe soudée et efficace, pour convertir toujours plus de gourmands dans cette ville où les bonnes tables ne manquent pas. Son credo : le naturel, à tous points de vue. Une carte courte et sans fioritures, un menu unique qui évolue tous les quinze jours, une attention particulière aux saisons... et, dans l'assiette, une sélection de produits vraiment nature : bio en général, issus de la pêche et de l'élevage durables, etc. Et, pour ne rien gâcher, le restaurant a pris ses quartiers dans l'intemporelle Cour des Senteurs, tout près du Château : voilà qui ajoute à l'exclusivité du moment...

À LA CARTE...

Tomate confite, eau de tomate et condiment de tomate épicé • Lieu jaune de ligne ikejime, carotte du potager et citron de Menton • Pignons de pin et sirop d'érable

Menu 45 € (déjeuner), 90/110 €

VERSAILLES

PLAN : A2
8 rue de la Chancellerie
(dans la Cour des Senteurs)
✉ 78000
www.latabledu11.com
TEL. 09 83 34 76 00

Fermé 9-24 février, 2-31 août, lundi, dimanche midi

♿ AC

Menu 60 € (déjeuner), 95/130 €

VILLE-D'AVRAY

PLAN : B2
55 rue de Versailles
✉ **92410**
www.etangs-corot.com
TEL. 01 41 15 37 00

**Fermé lundi, mardi, mercredi midi,
dimanche soir**

♿ AC P

Créative · Élégant

LE COROT

À la manière du peintre Corot – qui immortalisa les étangs voisins –, le jeune Rémi Chambard s'inspire volontiers de la nature pour élaborer sa cuisine. Excellent technicien, passé par des maisons de renom (Hôtel du Palais à Biarritz, Sources de Caudalie près de Bordeaux), il prend un plaisir particulier à travailler le végétal, et pas n'importe lequel : deux fois par semaine, il va faire sa "cueillette urbaine", comme il le dit lui-même, au potager du Roi à Versailles... Ses assiettes frappent par leur fraîcheur, leur légèreté et leur esthétisme ; il les décline au long d'un menu unique en cinq ou sept services. On passe un délicieux moment dans la rotonde, en compagnie de cette cuisine de grand caractère, raffinée et bien ancrée dans son époque.

À LA CARTE...

Saumon d'Isigny confit, oseille et tomate • Canard cuit au bois de nos forêts, livèche et fèves • Fraises, fleur de sureau et amandes

Roberta Valerio/Le Corot • Matthieu Cellard/Le Corot

Moderne • Contemporain

L'OURS

Jacky Ribault (Qui Plume La Lune, dans le 11ᵉ) n'en fait pas mystère : cet Ours, installé près du château de Vincennes, représente l'aboutissement de sa carrière. Il l'a conçu à son image, jouant sur les espaces et les formes, dans un mariage réussi de bois, métal, pierre et cuir : un écrin formidable, en cohérence avec les créations culinaires dont il a le secret. Car dans l'assiette, on retrouve tout ce qu'on aime chez ce cuisinier d'expérience, volubile et passionné : le coup de patte instinctif, le visuel soigné, les inspirations brutes qui subliment des produits de premier choix. On trouvera par exemple à la carte de subtiles touches japonaises, mais aussi la plus traditionnelle pintade, ou encore cette barbue avec son risotto de riz vénéré à la betterave... Jacky Ribault est en pleine forme, et plus que jamais fidèle à lui-même.

À LA CARTE...
Cuisine du marché

Menu 50 € (déjeuner), 80/110 €

VINCENNES

PLAN : C2
12 rue de l'Église
✉ 94300
www.loursrestaurant.com
TEL. 01 46 81 50 34

Fermé 2-24 août,
24 décembre-3 janvier, lundi, dimanche

🍴

Moderne • Contemporain

LA TABLE D'ANTONY

Royal Monceau, Le Raphaël, George V, Le Meurice, Le Shangri-La : beau parcours que celui du chef François Lanoy, qui s'en va tous les matins à Rungis, tout proche, sélectionner ses produits, comme pour ses Saint-Jacques, lentilles du Puy et lard. Salle contemporaine tamisée.

Menu 49 € (déjeuner), 65/80 € – Carte 66/80 €

ANTONY

PLAN : B3
2 avenue Raymond-Aron
✉ **92160**
www.latabledantony.com
TEL. 01 47 02 48 37

Fermé lundi, dimanche

  🛇   A/C

🍴

Moderne • Contemporain

JEAN CHAUVEL

Jean Chauvel (qui a officié longtemps aux Magnolias, à Perreux) accueille dans une salle intimiste et élégante, aménagée au fond de sa brasserie 3B. Au fil de ses menus surprise, il fait la preuve de sa créativité et de sa technique, avec en particulier un travail poussé sur le végétal.

Menu 76/116 €

BOULOGNE-BILLANCOURT

PLAN : B2
33 avenue Général-Leclerc
✉ **92100**
TEL. 01 55 60 79 95
Ⓜ **Billancourt**

Fermé 1ᵉʳ-4 mai, 2-24 août, lundi, samedi midi, dimanche

  🕸   🛇   A/C   🖨

🍴

Moderne • Bistro

LA MACHINE À COUDES

La jeune propriétaire, Marlène Alexandre-Buisson, a imaginé ce petit bistrot attachant, avec son décor de briques apparentes, ses vieilles étagères et ses... machines à coudre en guise de tables ! Elle s'est adjoint les services d'un chef talentueux, qui joue la partition néo-bistrot avec finesse et efficacité : on se régale.

Menu 35 € (déjeuner), 49/68 €

BOULOGNE-BILLANCOURT

PLAN : B2
35 rue Nationale
✉ **92100**
www.lamachineacoudes.fr
TEL. 01 47 79 05 06
Ⓜ **Billancourt**

Fermé 9-24 août, 22 décembre-6 janvier, lundi, samedi midi, dimanche

---

🍴

Moderne • Contemporain

LA TABLE DE CYBÈLE

À la tête de ce néobistrot œuvre un couple franco-américain, et c'est Cybèle, née à San Francisco, qui officie en cuisine, signant des recettes originales, axées sur de beaux produits, à l'instar de cette fricassée d'escargots, champignons shiitake et canard fumé maison... La Table de Cybèle est si jolie...

Menu 34 € (déjeuner) – Carte 43/52 €

BOULOGNE-BILLANCOURT

PLAN : B2
38 rue de Meudon
✉ **92100**
TEL. 01 46 21 75 90

Fermé lundi, dimanche

  🕸   🏠   🛇

🍴〇
Moderne • Design

LA FABRIQUE

Ce loft d'esprit industriel est bien caché au bout d'une petite allée, et il fait bon s'y régaler dans une atmosphère jeune et décontractée... Une adresse d'aujourd'hui, qui décline une cuisine moderne et volontiers créative, avec quelques fulgurances !

Menu 38 € (déjeuner), 75/78 € –
Carte 46/75 €

BRIE-COMTE-ROBERT

PLAN : D3
1 bis rue du Coq-Gaulois
✉ 77170
www.restaurantlafabrique.fr
TEL. 01 60 02 10 10

Fermé 21-23 mai, 4-26 août, lundi, mardi soir, mercredi soir, samedi midi, dimanche

♿ 🅿

🍴〇
Traditionnelle • Romantique

ABBAYE DES VAUX DE CERNAY

Dans le magnifique cadre de cette abbaye cistercienne, les salles à manger s'ornent de belles voûtes et ogives : un écrin de choix pour la belle cuisine de tradition préparée par le chef. Tourteau à la gelée de mangue et dentelle de sarrasin, bar sauvage à l'ail des ours et risotto aux coquillages... Réjouissant.

Menu 32 € (déjeuner), 55/85 € –
Carte 28/46 €

CERNAY-LA-VILLE

PLAN : A3
Domaine des Vaux de Cernay
✉ 78720
www.abbayedecernay.com
TEL. 01 34 85 23 00

← 🛖 🅿

😊

Moderne • Bistro

LE SAINT JOSEPH

Ce bistrot de quartier est emmené par un chef au parcours exemplaire : Benoît Bordier, qui n'a fréquenté que des belles maisons (Le Bristol, le Crillon, les Régalade de Bruno Doucet). Ici mijote une goûteuse cuisine au goût du jour, déclinée sous forme d'un menu-carte et de quelques suggestions : rouleau de printemps à la chair de tourteau, onglet de veau, variation de courgette... le tout orchestré en salle par madame Bordier. Sans oublier la petite carte des vins judicieuse, mettant en avant les femmes vigneronnes, l'ambiance familiale et la proximité du tramway (Charlebourg). Un coup de cœur.

À LA CARTE...
Calamar farci et brandade • Suprême de volaille, citron, quinoa • Pannacotta au miel, madeleine à l'huile d'olive

Menu 35 € – Carte 35/60 €

LA GARENNE-COLOMBES

PLAN : B2
100 boulevard de la République
✉ 92250
www.lesaintjoseph-restaurant.fr
TEL. 01 42 42 64 49

Fermé 6-12 mai, 5-26 août, jeudi, samedi midi

🛖 A/C

Michelin

Japonaise · Simple

AUDA ISAKAYA
BY PIERRE LAMBERT

Cette adresse de poche propose une cuisine franco-japonaise sous la forme omakase, qui peut se traduire par : "Je m'en remets à vous." Au programme, trois, quatre ou cinq plats rehaussés de bières, sakés et autres whiskys japonais... Un izakaya à Levallois !

Menu 42/58 €

LEVALLOIS-PERRET

PLAN : B2
51 rue Danton
✉ **92300**
www.pierrelambert.fr
TEL. 01 47 59 94 17
Ⓜ **Anatole France**

Fermé 4-26 août, lundi, dimanche

Moderne · Tendance

CABANE

Le jeune chef Jean-François Bury au parcours consistant (George V et Shangri-La), ancien de Top Chef 2017, fait souffler sur Nanterre un vent de bistronomie bienvenu au travers d'un menu-carte aux recettes modernes et aux assiettes généreuses. Harmonie des saveurs, justesse des cuissons, choix des produits : tout ici révèle soin et qualité. Jusqu'au décor, soigné (et signé de l'épouse du chef) de type loft/atelier, avec sa verrière séparant le coin salon avec ses tables basses et fauteuils Chesterfield (où l'on peut dîner) de la salle à manger principale où le bois prédomine. Bien joué.

À LA CARTE...
Pâté en croûte de canard, betterave et mélasse de grenade • Magret de canard rôti à la sarriette et tatin de tomate • Tarte aux figues confites, glace yaourt

Menu 26 € (déjeuner), 37 €

NANTERRE

PLAN : B2
8 rue du Docteur-Foucault
✉ **92000**
www.cabanerestaurant.com
TEL. 01 47 25 22 51

Fermé 7 août-1er septembre, 22 décembre-1er janvier, lundi, dimanche

AUTOUR DE PARIS

Créative · Élégant

LES MAGNOLIAS

Ces Magnolias se sont imposés en douceur auprès des gourmets du Perreux-sur-Marne. Le chef met un soin particulier dans la présentation de ses plats, goûteux et volontiers créatifs. Autour de lui, en cuisine et dans l'élégante salle, s'affaire une jeune équipe soucieuse de bien faire.

Menu 39/89 €

LE PERREUX-SUR-MARNE

PLAN : C2
48 avenue de Bry
⊠ 94170
www.lesmagnolias.com
TEL. 01 48 72 47 43

Fermé 8-25 août, lundi, samedi midi, dimanche soir

A/C

Moderne · Contemporain

LA PLUME N

Au cœur de la vallée de l'Oise, voici la table gastronomique d'un établissement furieusement design, signé de l'architecte star Jean-Michel Wilmotte. Aux fourneaux, on retrouve Pierre Meneau (aperçu dans Top Chef), qui signe une jolie cuisine française contemporaine, délicate et technique.

Menu 90/120 €

PRESLES

PLAN : B1
1 route du Golf des Vanneaux
⊠ 95590
www.ledomainedesvanneaux.fr
TEL. 01 34 08 40 83

Fermé lundi, mardi, mercredi, jeudi, vendredi midi

  A/C

Moderne · Branché

SAPERLIPOPETTE !

N'hésitez pas à venir vous restaurer de ce côté de Puteaux, non loin de la Défense : cette ancienne brasserie a subi un sacré lifting, devenant un restaurant chaleureux et branché, sous la houlette d'une équipe experte en la matière. On se sustente d'une cuisine actuelle déclinée sous forme de menu-carte qui change régulièrement autour de quelques incontournables (côte de veau, onglet Black Angus). La décoration contemporaine, aux tons sombres, les fauteuils en velours, le bar à cocktails, comme la vinothèque, invitent à s'attarder.

À LA CARTE...
Ceviche de dorade, concombre, céleri et pomme • Encornets, piperade de légumes, pesto de coriandre et chorizo • Ananas, mousse chocolat blanc, crumble amande et coco

Menu 36/40 € – Carte 51/65 €

PUTEAUX

PLAN : B2
9 place du Théâtre
⊠ 92800
www.saperlipopette1.fr
TEL. 01 41 37 00 00

Moderne • Bistro

LE RIPAILLEUR

En face de la patinoire et à deux pas de la mairie, ce restaurant qui louche vers l'esprit bistrot propose une cuisine chaleureuse (ris de veau, pâté en croûte) à base de produits frais, et à prix imbattables. Ici, prime convivialité et ripaille ! Une adresse bien sympathique.

Menu 19 € (déjeuner) – Carte 30/47 €

SAINT-OUEN

PLAN : B2
9 rue du Docteur-Bauer
✉ **93400**
www.leripailleur.fr
TEL. 09 83 04 68 50
Ⓜ **Mairie de St-Ouen**

Fermé 28 juillet-21 août,
23 décembre-2 janvier, lundi, mardi soir,
mercredi soir, dimanche

 ♿ Ⓐ🄲

Grecque • Méditerranéen

YAYA

Yaya est le surnom donné aux grands-mères dans les pays méditerranéens. Ce restaurant est né d'une rencontre entre deux frères et un chef. À l'arrivée, une jolie cuisine grecque : pita, mezzés, gâteau à l'orange (une recette de la grand-mère des deux frères, justement...). Une table sympathique dans le quartier en plein essor de Saint-Ouen.

Carte 25/65 €

SAINT-OUEN

PLAN : B2
8 rue de l'Hyppodrome
✉ **93400**
TEL. 01 44 04 27 65

Fermé dimanche soir

 🍴 ♿

☺

Cuisine du Sud-Ouest • Classique

LA TABLE D'ANTAN

Ici, pas d'extravagance, mais un décor bourgeois (tissu mural, lustres en fer forgé, tables rondes coquettement dressées, fauteuils tapissiers) et un accueil tout sourire de la part de la patronne. Un agréable moment à deux ou entre amis, pour savourer la cuisine de Pierre Julien. En professionnel aguerri, il réalise des préparations aussi bien classiques qu'orientées Sud-Ouest. À titre d'exemple : pressé de courgettes-aubergines-tomates ; confit de canard aux deux pommes ; blanc-manger, fraises à l'huile d'olive et sorbet aux fruits rouges...

À LA CARTE...

Foie gras de canard aux épices, gelée au porto • Petit gigot de canard mijoté aux bolets et girolles, gratin de La Table d'Antan • Crème et mousse au chocolat, biscuit craquant aux noisettes

Menu 32/51 € – Carte 46/63 €

SAINTE-GENEVIÈVE-DES-BOIS

PLAN : B3
38 avenue de la Grande-Charmille-du-Parc
(près de l'hôtel de ville)
✉ **91700**
www.latabledantan.fr TEL. 01 60 15 71 53

Fermé 3-24 août, lundi, mardi soir, mercredi
soir, dimanche soir

 🍴 ♿ Ⓐ🄲

Moderne • Chic

BISTRO LÀ-HAUT

Situé sur le mont Valérien, ce "bistrot d'altitude" offre une superbe vue sur Paris depuis sa salle de type loft. À la carte, une partition alléchante aux recettes actuelles ; cannelloni de tourteau, caviar d'aubergine et saumon croustillant, légumes croquants et tourte pigeon et foie gras, jus corsé, salade de mâche...

Menu 50 €

PLAN : B2
70 avenue Franklin-Roosevelt
✉ **92150**
bistrolahaut.fr
TEL. 01 45 06 22 66

Fermé samedi, dimanche

Moderne • Convivial

LES PETITS PRINCES

C'est une jolie petite maison d'angle, non loin du tram. Vous la remarquerez à sa façade peinte, et à son intérieur de style loft scandinave avec murs grattés, briques peintes. Une vitre, façon atelier, offre un aperçu sur les cuisines. Ici, on concocte une cuisine actuelle et gourmande, jamais ennuyeuse, déclinée sous forme d'un menu-carte, et élaborée par un chef au beau parcours – tartare de maigre aux agrumes, soupe de melon au gingembre frais et piment d'Espelette... À noter, sur l'arrière, une cour-terrasse avec verdure. Voiturier en fin de semaine.

À LA CARTE...

Champignons de Paris, jambon, noisettes et œuf parfait • Pavé de cabillaud, purée de cocos vanillée et salade de cocos • Riz au lait, fruits secs, caramel au beurre salé

Menu 29 € (déjeuner), 38 €

PLAN : B2
26 rue du Val-d'Or
✉ **92150**
www.restaurantlespetitsprinces.fr
TEL. 01 41 47 87 61

Fermé 2-31 août, 23 décembre-1ᵉʳ janvier, lundi, dimanche

Stéphane Riss/Les Petits Princes

Moderne • Tendance

LA JUMENT VERTE

Près du parc des expositions de Villepinte et de l'aéroport de Roissy, voici une auberge utile pour s'échapper des événements nationaux et des vols internationaux ! Pause gourmande assurée, le midi comme le soir, avec dans l'assiette des plats actuels et savoureux, réalisés à base de produits frais choisis ; le chef n'hésite pas à y intégrer des notes inventives et à nous surprendre avec des saveurs inattendues. On s'installe dans une salle au décor simple et avenant, ou sur la terrasse, en été. Et pourquoi donc cette jument verte de l'enseigne ? C'est un hommage au roman éponyme de Marcel Aymé.

À LA CARTE...
Cuisine du marché

Menu 33/53 € – Carte 38/58 €

VALUE TREMBLAY-EN-FRANCE

PLAN : C1
43 route de Roissy
✉ **93290**
www.aubergelajumentverte.fr
TEL. 01 48 60 69 90

Fermé samedi, dimanche

🏠

Moderne • Contemporain

LE BISTROT DU 11

Vous l'avez deviné : l'équipe de la Table du 11 se cache derrière ce Bistrot du 11, installé dans une rue touristique piétonne non loin du château. C'est aussi contemporain dans la décoration (béton ciré, carreaux de ciment, poutres métalliques, cuisines ouvertes sur la salle) que dans l'assiette, où de beaux produits sont déclinés sous la forme d'un menu-carte avec quatre entrées, quatre plats et trois desserts. Œuf, lentilles et persil ; cabillaud, chou pointu et tarama ; tarte au chocolat chaud, vanille... Des propositions soignées, bien dans l'air du temps : à découvrir d'urgence.

À LA CARTE...
Courgette, sardine, sauge • Cabillaud, amandine, citron • Chocolat, noix de coco

Menu 37 €

VERSAILLES

PLAN : A2
10 rue de Satory
✉ **78000**
www.lebistrotdu11.com
TEL. 01 75 45 63 70

Fermé 2-31 août, lundi, dimanche

🏠 ♿

La Jument Verte

Classique • Contemporain
ORE

Ore, c'est la bouche, en latin. Un nom d'une simplicité désarmante pour cet endroit tout simplement exceptionnel : un pavillon du 17e s. aménagé au cœur du château de Versailles. Alain Ducasse est le Roi Soleil de ces lieux, y faisant appliquer la loi culinaire qu'on lui connaît : celle de la naturalité, et d'un hommage sans cesse renouvelé au beau produit.

Carte 50/70 €

VERSAILLES

PLAN : A2
Place d'Armes (Pavillon Dufour-Château de Versailles - 1er étage)
✉ **78000**
www.ducasse-chateauversailles.com
TEL. 01 30 84 12 96

Fermé lundi, mardi soir, mercredi soir, jeudi soir, vendredi soir, samedi soir, dimanche soir

Cuisine du marché • Contemporain
BIRD

Au centre de cette jolie petite ville, sur une place piétonne proche de la mairie, cet ancien salon de thé s'est métamorphosé en lieu de gourmandise, sous l'impulsion du fils de famille – car ici, on est cuisiniers de père en fils depuis trois générations. Passé par de belles maisons, il propose des assiettes du marché bien ficelées, à prix tout doux. On se régale de tataki de bœuf ; merlan avec asperges et pommes de terre grenaille, ou d'une bonne pannacotta. Salle épurée façon scandinave, agréable terrasse face à la fontaine. Une bonne adresse.

À LA CARTE...
Ceviche de dorade, lait de coco • Lapin rôti, houmous de brocolis au sésame • Autour du chocolat

Menu 30 €

YERRES

PLAN : C3
38 rue Charles-de-Gaulle
✉ **91330**
www.bird-restaurant.com
TEL. 01 79 93 28 81

Fermé 2-26 août, 23-31 décembre, lundi, mardi soir, mercredi soir, jeudi soir, dimanche

Marylou Parguel/Bird

265

INDEX THÉMATIQUES

INDEX ALPHABÉTIQUE DES RESTAURANTS

INDEX ALPHABÉTIQUE DES RESTAURANTS

T

V

W

Y

Z

LES TABLES ÉTOILÉES ❀

❀❀❀

Alain Ducasse au Plaza Athénée	(8ᵉ)	110
Alléno Paris au Pavillon Ledoyen	(8ᵉ)	111
L'Ambroisie	(4ᵉ)	54
Arpège	(7ᵉ)	88
Le Cinq	(8ᵉ)	112
Épicure au Bristol	(8ᵉ)	113
Guy Savoy	(6ᵉ)	74
Kei ⓝ	(1ᵉʳ)	16
Pierre Gagnaire	(8ᵉ)	114
Le Pré Catelan	(16ᵉ)	200

❀❀

L'Abeille	(16ᵉ)	201
L'Abysse au Pavillon Ledoyen ⓝ	(8ᵉ)	115
Astrance	(16ᵉ)	202
L'Atelier de Joël Robuchon - Étoile ⓝ	(8ᵉ)	116
L'Atelier de Joël Robuchon - St-Germain	(7ᵉ)	89
Le Clarence	(8ᵉ)	117
David Toutain	(7ᵉ)	90
Le Gabriel	(8ᵉ)	118
Le Grand Restaurant - Jean-François Piège	(8ᵉ)	119
Le Grand Véfour	(1ᵉʳ)	17
Maison Rostang	(17ᵉ)	218
Le Meurice Alain Ducasse	(1ᵉʳ)	18
La Scène ⓝ	(8ᵉ)	120
Sur Mesure par Thierry Marx	(1ᵉʳ)	19
Sylvestre	(7ᵉ)	91
La Table de l'Espadon	(1ᵉʳ)	20
Le Taillevent ⓝ	(8ᵉ)	121

❀

Abri	(10ᵉ)	156
Accents Table Bourse	(2ᵉ)	36
Agapé	(17ᵉ)	219
Aida	(7ᵉ)	92
Akrame	(8ᵉ)	122
Alan Geaam	(16ᵉ)	203
Alliance	(5ᵉ)	62
Anne ⓝ	(3ᵉ)	50
Antoine	(16ᵉ)	204
Apicius	(8ᵉ)	123
L'Arcane	(18ᵉ)	230
L'Archeste	(16ᵉ)	205
L'Arôme	(8ᵉ)	124
Aspic ⓝ	(9ᵉ)	144
Auberge des Saints Pères (Aulnay-sous-Bois)		246
Auguste	(7ᵉ)	93
Automne	(11ᵉ)	162
Baieta	(5ᵉ)	63
Le Baudelaire	(1ᵉʳ)	21
Benoit	(4ᵉ)	55
Le Camélia	(Bougival)	247
Carré des Feuillants	(1ᵉʳ)	22
114, Faubourg	(8ᵉ)	125
Le Chateaubriand	(11ᵉ)	163
Le Chiberta	(8ᵉ)	126
Le Chiquito	(Méry-sur-Oise)	251
Les Climats	(7ᵉ)	94
Cobéa	(14ᵉ)	186
Comice	(16ᵉ)	206
La Condesa	(9ᵉ)	145
Copenhague	(8ᵉ)	127
Le Corot	(Ville-d'Avray)	256
La Dame de Pic	(1ᵉʳ)	23
Divellec	(7ᵉ)	95
Dominique Bouchet	(8ᵉ)	128

LES TABLES ÉTOILÉES

BIB GOURMAND 🍴

Abri Soba	(9e)	149
L'Antre Amis	(15e)	194
Auberge Pyrénées		
Cévennes	(11e)	167
Au Bon Accueil	(7e)	103
Aux Plumes ⓝ	(14e)	187
Bird	(Yerres)	265
Biscotte	(15e)	194
Le Bistrot du 11	(Versailles)	264
Bistrotters	(14e)	187
Cabane ⓝ	(Nanterre)	260
Le Caillebotte	(9e)	149
Les Canailles Pigalle	(9e)	150
Les Canailles		
Ménilmontant	(20e)	238
Le Casse Noix	(15e)	195
Cheval d'Or ⓝ	(19e)	238
Chez les Anges	(7e)	103
Chez Michel ⓝ	(10e)	157
52 Faubourg St-Denis	(10e)	157
Clamato	(11e)	167
Les Cocottes - Tour Eiffel	(7e)	104
Comme Chez Maman	(17e)	224
Cucina	(5e)	69
Dépôt Légal	(2e)	43
L'Envie du Jour	(17e)	224
Esttia ⓝ	(6e)	81
Etsi	(18e)	233
Le Grand Bain ⓝ	(20e)	239
Impérial Choisy	(13e)	180
Itacoa	(2e)	43
Jouvence	(12e)	176
La Jument Verte		
(Tremblay-en-France)		264

Kisin	(8e)	137
Kokoro	(5e)	69
Mamagoto	(10e)	158
Mandoobar	(8e)	137
La Méditerranée	(6e)	81
Mee	(1er)	29
Mensae	(19e)	239
Le Mermoz	(8e)	138
Mokko ⓝ	(18e)	233
L'Oseille	(2e)	44
Le Pantruche	(9e)	150
Les Petits Princes ⓝ	(Suresnes)	263
Le Petit Verdot du 17ème	(17e)	225
Pho Tai	(13e)	180
Pomze	(8e)	138
Pottoka	(7e)	104
Le Radis Beurre	(15e)	195
Le Réciproque	(18e)	234
Les Résistants	(10e)	158
Richer	(9e)	151
Sadarnac ⓝ	(20e)	240
Le Saint Joseph		
(La Garenne-Colombes)		259
Saperlipopette !	(Puteaux)	261
La Table d'Antan		
(Sainte-Geneviève-des-Bois)		262
Tempero	(13e)	181
Tempi Lenti ⓝ	(11e)	168
Le Timbre	(6e)	82
La Vierge ⓝ	(20e)	240
Le Villaret	(11e)	168
20 Eiffel	(7e)	105
Zen	(1er)	29

LES ASSIETTES "COUP DE CŒUR" ⭐

UNE SÉLECTION DES MEILLEURES ADRESSES DANS CETTE DISTINCTION

Abbaye des Vaux		
de Cernay	(Cernay-la-Ville)	259
L'Accolade	(15ᵉ)	196
Affinité	(5ᵉ)	70
Les Affranchis	(9ᵉ)	151
Allard	(6ᵉ)	82
Anahi	(3ᵉ)	51
Anona	(17ᵉ)	225
Arnaud Nicolas	(7ᵉ)	105
L'Assiette	(14ᵉ)	188
AT	(5ᵉ)	70
Au Bascou	(3ᵉ)	51
Auda Isakaya by Pierre		
Lambert	(Levallois-Perret)	260
Aux Enfants Gâtés	(14ᵉ)	188
Aux Lyonnais	(2ᵉ)	44
Aux Prés	(6ᵉ)	82
Balagan	(1ᵉʳ)	30
Baltard au Louvre	(1ᵉʳ)	30
Le Baratin	(20ᵉ)	241
Belle Maison	(9ᵉ)	151
Le Bel Ordinaire	(10ᵉ)	159
Beurre Noisette	(15ᵉ)	196
Biondi	(11ᵉ)	169
Bistro Là-Haut	(Suresnes)	263
Bistrot Augustin	(14ᵉ)	188
Le Bistrot d'À		
Côté Flaubert	(17ᵉ)	225
Bistro Volnay	(2ᵉ)	44
Bon Kushikatsu	(11ᵉ)	169
Le Bon Saint-Pourçain	(6ᵉ)	83
Le Bouchon et l'Assiette	(17ᵉ)	226
Le Boudoir	(8ᵉ)	139
Bouillon 47	(9ᵉ)	152
Boulom	(18ᵉ)	234
La Bourse et la Vie	(2ᵉ)	45
Boutary	(6ᵉ)	83
Brach	(16ᵉ)	213
Brasserie du Louvre -		
Bocuse	(1ᵉʳ)	30
Brasserie Lutetia	(6ᵉ)	83
Brasserie Thoumieux		
by Sylvestre	(7ᵉ)	105
Breizh Café - Le Marais	(3ᵉ)	51
Breizh Café - Odéon	(6ᵉ)	83
Café Constant	(7ᵉ)	106

Café Noisette	(15ᵉ)	196
Caïus	(17ᵉ)	226
Capitaine	(4ᵉ)	58
Les 110 de Taillevent	(8ᵉ)	139
Le Cette	(14ᵉ)	188
Champeaux	(1ᵉʳ)	30
Le Cherine	(15ᵉ)	196
Chez Monsieur	(8ᵉ)	139
Clover Green	(7ᵉ)	106
Clover Grill	(1ᵉʳ)	31
Le Coq Rico	(18ᵉ)	234
Le Cornichon	(14ᵉ)	189
Le Cotte Rôti	(12ᵉ)	176
Les Délices d'Aphrodite	(5ᵉ)	70
Dersou	(12ᵉ)	176
Dessirier par Rostang		
Père et Filles	(17ᵉ)	226
Le Duc	(14ᵉ)	189
Ducasse sur Seine	(16ᵉ)	213
Dupin	(6ᵉ)	84
Eels	(10ᵉ)	159
Les Enfants Rouges	(3ᵉ)	51
La Fabrique		
	(Brie-Comte-Robert)	259
Le Galopin	(10ᵉ)	159
Le Garde Temps	(9ᵉ)	152
Gare au Gorille	(17ᵉ)	226
Gaya par Pierre Gagnaire	(7ᵉ)	106
Le Gentil	(7ᵉ)	106
Le Grand Pan	(15ᵉ)	197
Ida by Denny Imbroisi	(15ᵉ)	197
Imperial Treasure	(8ᵉ)	139
L'Inconnu	(7ᵉ)	107
L'Initial	(5ᵉ)	70
Isami	(4ᵉ)	58
Jean Chauvel		
	(Boulogne-Billancourt)	258
Jòia par Hélène Darroze	(2ᵉ)	45
KGB	(6ᵉ)	84
Kigawa	(14ᵉ)	189
Kitchen Ter(re)	(5ᵉ)	71
Lapérouse	(6ᵉ)	84
Laurent	(8ᵉ)	140
Lazare	(8ᵉ)	140
Lili	(16ᵉ)	213
Liza	(2ᵉ)	45

LES ASSIETTES «COUP DE CŒUR»

RESTAURANTS PAR TYPE DE CUISINE

Argentine

Biondi ⏸	(11ᵉ)	169

Basque

Pottoka ⏸	(7ᵉ)	104

Bretonne

Breizh Café - Le Marais ⏸	(3ᵉ)	51
Breizh Café - Odéon ⏸	(6ᵉ)	83

Chinoise

Cheval d'Or ⏸	(19ᵉ)	238
Impérial Choisy ⏸	(13ᵉ)	180
Lili ⏸	(16ᵉ)	213
Shang Palace ⏸	(16ᵉ)	212
Taokan - St-Honoré ⏸	(1ᵉʳ)	32

Classique

L'Ambroisie ⏸⏸⏸	(4ᵉ)	54
Anne ⏸	(3ᵉ)	50
L'Assiette ⏸	(14ᵉ)	188
Benoit ⏸	(4ᵉ)	55
Chez les Anges ⏸	(7ᵉ)	103
Le Chiquito ⏸ (Méry-sur-Oise)		251
Dominique Bouchet ⏸	(8ᵉ)	128
Lapérouse ⏸	(6ᵉ)	84
Lasserre ⏸	(8ᵉ)	132
Maison Rostang ⏸⏸	(17ᵉ)	218
Ore ⏸	(Versailles)	265
Relais Louis XIII ⏸	(6ᵉ)	78

Le Relais Plaza ⏸	(8ᵉ)	141
Le Taillevent ⏸⏸	(8ᵉ)	121

Coréenne

Mandoobar ⏸	(8ᵉ)	137
Mee ⏸	(1ᵉʳ)	29

Créative

Affinité ⏸	(5ᵉ)	70
Akrame ⏸	(8ᵉ)	122
Alain Ducasse au Plaza Athénée ⏸⏸⏸	(8ᵉ)	110
Alan Geaam ⏸	(16ᵉ)	203
L'Archeste ⏸	(16ᵉ)	205
Arpège ⏸⏸⏸	(7ᵉ)	88
Astrance ⏸⏸	(16ᵉ)	202
AT ⏸	(5ᵉ)	70
L'Atelier de Joël Robuchon - Étoile ⏸⏸	(8ᵉ)	116
L'Atelier de Joël Robuchon - St-Germain ⏸⏸	(7ᵉ)	89
Auberge des Saints Pères ⏸ (Aulnay-sous-Bois)		246
Caïus ⏸	(17ᵉ)	226
Le Chiberta ⏸	(8ᵉ)	126
La Condesa ⏸	(9ᵉ)	145
Le Corot ⏸ (Ville-d'Avray)		256
La Dame de Pic ⏸	(1ᵉʳ)	23
David Toutain ⏸⏸	(7ᵉ)	90
Dersou ⏸	(12ᵉ)	176
Fleur de Pavé ⏸	(2ᵉ)	38
Gordon Ramsay au Trianon ⏸ (Versailles)		254

Guy Savoy ✲✲✲ (6e) 74
Ken Kawasaki ✲ (18e) 231
Loiseau Rive Gauche ✲ (7e) 98
Les Magnolias ⦿
(Le Perreux-sur-Marne) 261
NESO ✲ (9e) 148
Oka ✲ (5e) 65
Pages ✲ (16e) 211
Pierre Gagnaire ✲✲✲ (8e) 114
Pierre Sang Signature ⦿ (11e) 170
Le Pré Catelan ✲✲✲ (16e) 200
Pur' - Jean-François
Rouquette ✲ (2e) 41
Quinsou ✲ (6e) 77
Restaurant
du Palais Royal ✲ (1er) 27
Restaurant H ✲ (4e) 56
Shabour ⦿ (2e) 46
Solstice ✲ (5e) 67
Sur Mesure
par Thierry Marx ✲✲ (1er) 19
Tempero ⦿ (13e) 181
Yam'Tcha ✲ (1er) 28
Ze Kitchen Galerie ✲ (6e) 80

Cuisine du marché

Bird ⦿ (Yerres) 265
Café Noisette ⦿ (15e) 196
Le Mermoz ⦿ (8e) 138
Mokko ⦿ (18e) 233

Cuisine du terroir

Auberge Pyrénées
Cévennes ⦿ (11e) 167

Danoise

Copenhague ✲ (8e) 127

Grecque

Les Délices d'Aphrodite ⦿ (5e) 70
Etsi ⦿ (18e) 233
Mavrommatis ✲ (5e) 64
Mavrommatis -
Le Bistro Passy ⦿ (16e) 213
Yaya ⦿ (Saint-Ouen) 262

Grillades

Clover Grill ⦿ (1er) 31

Israélienne

Balagan ⦿ (1er) 30
Tavline ⦿ (4e) 58

Italienne

Cucina ⦿ (5e) 69
Emporio Armani
Caffè Ristorante ✲ (6e) 75
Le George ✲ (8e) 130
Loulou ⦿ (1er) 31
Mori Venice Bar ⦿ (2e) 46
Osteria Ferrara ⦿ (11e) 170
Passerini ⦿ (12e) 177
Penati al Baretto ✲ (8e) 136
Piero TT ⦿ (7e) 107
Restaurant
des Grands Boulevards ⦿ (2e) 46
Sormani ⦿ (17e) 227
Tempi Lenti ⦿ (11e) 168

Japonaise

Abri Soba ⦿ (9e) 149
L'Abysse au Pavillon
Ledoyen ✲✲ (8e) 115
Aida ✲ (7e) 92

Libanaise

Lyonnaise

Moderne

RESTAURANTS PAR TYPE DE CUISINE

Méditerranéenne

Poissons et fruits de mer

Péruvienne

Shanghaïenne

Sud-Américaine

Sud-Ouest

Thaïlandaise

Traditionnelle

Beurre Noisette ⅈ◯	(15ᵉ)	196

Beurre Noisette 🍴 (15ᵉ) 196
Bistrot Augustin 🍴 (14ᵉ) 188
Le Bistrot d'À
 Côté Flaubert 🍴 (17ᵉ) 225
Le Bouchon et l'Assiette 🍴 (17ᵉ) 226
Le Boudoir 🍴 (8ᵉ) 139
Boulom 🍴 (18ᵉ) 234
La Bourse et la Vie 🍴 (2ᵉ) 45
Brasserie du Louvre -
 Bocuse 🍴 (1ᵉʳ) 30
Café Constant 🍴 (7ᵉ) 106
Les Canailles
 Ménilmontant 🏠 (20ᵉ) 238
Le Casse Noix 🏠 (15ᵉ) 195
Les 110 de Taillevent 🍴 (8ᵉ) 139
Champeaux 🍴 (1ᵉʳ) 30
Chez Michel 🏠 (10ᵉ) 157
Chez Monsieur 🍴 (8ᵉ) 139
Les Cocottes - Tour Eiffel 🏠 (7ᵉ) 104
Le Coq Rico 🍴 (18ᵉ) 234
Le Grand Pan 🍴 (15ᵉ) 197
Jacques Faussat ❀ (17ᵉ) 222

Kigawa 🍴 (14ᵉ) 189
Lazare 🍴 (8ᵉ) 140
L'Oseille 🏠 (2ᵉ) 44
Les Papilles 🍴 (5ᵉ) 71
Le Pergolèse 🍴 (16ᵉ) 214
Le Petit Verdot
 du 17ème 🏠 (17ᵉ) 225
Polissons 🍴 (18ᵉ) 235
La Poule au Pot ❀ (1ᵉʳ) 26
Quincy 🍴 (12ᵉ) 177
Le Radis Beurre 🏠 (15ᵉ) 195
Le Réciproque 🏠 (18ᵉ) 234
La Régalade St-Honoré 🍴 (1ᵉʳ) 31
Le Troquet 🍴 (15ᵉ) 197
Le Villaret 🏠 (11ᵉ) 168
20 Eiffel 🏠 (7ᵉ) 105
Le Violon d'Ingres ❀ (7ᵉ) 102

Vietnamienne

Pho Tai 🏠 (13ᵉ) 180

TABLES EN TERRASSE

RESTAURANTS AVEC SALONS PARTICULIERS

Aida ✿	(7ᵉ)	92
Alléno Paris au		
Pavillon Ledoyen ✿✿✿	(8ᵉ)	111
Antoine ✿	(16ᵉ)	204
Apicius ✿	(8ᵉ)	123
L'Arôme ✿	(8ᵉ)	124
Arpège ✿✿✿	(7ᵉ)	88
AT ⅱ○	(5ᵉ)	70
L'Atelier de Joël Robuchon -		
Étoile ✿✿	(8ᵉ)	116
L'Atelier de Joël Robuchon -		
St-Germain ✿✿	(7ᵉ)	89
Aux Lyonnais ⅱ○	(2ᵉ)	44
Baltard au Louvre ⅱ○	(1ᵉʳ)	30
Benoit ✿	(4ᵉ)	55
Biondi ⅱ○	(11ᵉ)	169
Le Boudoir ⅱ○	(8ᵉ)	139
Boutary ⅱ○	(6ᵉ)	83
Brasserie Lutetia ⅱ○	(6ᵉ)	83
Brasserie Thoumieux		
by Sylvestre ⅱ○	(7ᵉ)	105
Cabane ⊛	(Nanterre)	260
Caïus ⅱ○	(17ᵉ)	226
Les Canailles		
Ménilmontant ⊛	(20ᵉ)	238
Carré des Feuillants ✿	(1ᵉʳ)	22
Champeaux ⅱ○	(1ᵉʳ)	30
Chez les Anges ⊛	(7ᵉ)	103
Le Chiberta ✿	(8ᵉ)	126
Le Chiquito ✿ (Méry-sur-Oise)		251
Le Cinq ✿✿✿	(8ᵉ)	112
Le Clarence ✿✿	(8ᵉ)	117
La Dame de Pic ✿	(1ᵉʳ)	23
David Toutain ✿✿	(7ᵉ)	90
Dessirier par Rostang		
Père et Filles ⅱ○	(17ᵉ)	226
Divellec ✿	(7ᵉ)	95
Dominique Bouchet ✿	(8ᵉ)	128
Ducasse sur Seine ⅱ○	(16ᵉ)	213
L'Escarbille ✿	(Meudon)	252

Fleur de Pavé ✿	(2ᵉ)	38
Gaya par Pierre Gagnaire ⅱ○	(7ᵉ)	106
La Grande Cascade ✿	(16ᵉ)	208
Le Grand Pan ⅱ○	(15ᵉ)	197
Le Grand Véfour ✿✿	(1ᵉʳ)	17
Guy Savoy ✿✿✿	(6ᵉ)	74
Helen ✿	(8ᵉ)	131
Imperial Treasure ⅱ○	(8ᵉ)	139
L'Initial ⅱ○	(5ᵉ)	70
Jacques Faussat ✿	(17ᵉ)	222
Jean Chauvel ⅱ○		
(Boulogne-Billancourt)		258
Jin ✿	(1ᵉʳ)	25
Jòia par Hélène Darroze ⅱ○	(2ᵉ)	45
Lapérouse ⅱ○	(6ᵉ)	84
Lasserre ✿	(8ᵉ)	132
Laurent ⅱ○	(8ᵉ)	140
Lili ⅱ○	(16ᵉ)	213
Loiseau Rive Gauche ✿	(7ᵉ)	98
Lucas Carton ✿	(8ᵉ)	133
Maison Rostang ✿✿	(17ᵉ)	218
Mamagoto ⊛	(10ᵉ)	158
Manko ⅱ○	(8ᵉ)	140
Marsan par		
Hélène Darroze ✿	(6ᵉ)	76
Massale ⅱ○	(11ᵉ)	169
Mavrommatis ✿	(5ᵉ)	64
La Méditerranée ⊛	(6ᵉ)	81
Le Meurice		
Alain Ducasse ✿✿	(1ᵉʳ)	18
Mokko ⊛	(18ᵉ)	233
Ore ⅱ○	(Versailles)	265
Les Papilles ⅱ○	(5ᵉ)	71
Les Pères Siffleurs ⅱ○	(15ᵉ)	197
Le Pergolèse ⅱ○	(16ᵉ)	214
Les Petits Princes ⊛ (Suresnes)		263
Pierre Gagnaire ✿✿✿	(8ᵉ)	114
Pleine Terre ⅱ○	(16ᵉ)	214
Pomze ⊛	(8ᵉ)	138
Pottoka ⊛	(7ᵉ)	104

RESTAURANTS AVEC SALONS PARTICULIERS